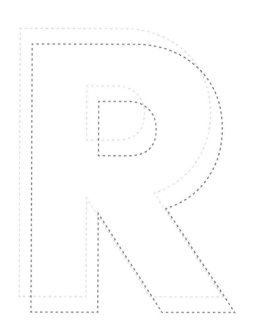

深度创新方法

［芬］阿尔夫·雷恩（Alf Rehn）著
冯 愿 译

**INNOVATION
FOR THE
FATIGUED**

浙江大学出版社
ZHEJIANG UNIVERSITY PRESS

我们所处的商业世界对创新的重视，越来越像部落对神灵的崇拜，人们激情澎湃地认为创新不仅是公司存活与成长所需的条件，更是必要条件。这种对创新激发效能的高度自信，在某些层面上，成为几乎跟印第安纳齐兹部族对太阳神的狂热信仰一样强大的信条。人类根据自己需求创造出了神。值得注意的是，现代商界人士尊为神明的创新和纳齐兹部族所尊崇的更庄严古老的神灵做出了一模一样的承诺，二者都允诺了更新与活力。

《创新性模仿》（*Innovative Imitation*）**西奥多·莱维特**（Theodore Levitt）

致谢

　　写本书的过程其实有点错综复杂。本书在各个时期对创新都是持保守意见，倡导要建设更好的创新，也分析创新的本质。你看到本书的成品之前，其实本书至少经历了两个未完成的草稿阶段和一个出版书籍的阶段。所以，要感谢的人实在是太多了，我也不打算列这么个感谢清单。相反，我要让这篇致谢的篇幅变得短小，内容变得亲切。

　　我想感谢杰拉尔丁·科拉德（Géraldine Collard），是他委托我写本书，还让我觉得写本书是一项非常有意义的工程。我也想感谢编辑克里斯托弗·卡德莫尔（Christopher Cudmore），他成功克制住了我身为作家的一些无节制行为。虽然我对截止日期漫不经心的态度让他感到着急，但他还是在我写作的过程中温和地鼓励我。我还想向马库斯·林达尔（Marcus Lindahl）、安·里平（Ann Rippin）、卡洛琳·谢尔斯泰特（Karoline Kjellstedt）、安德斯·延森（Anders Jensen）、尼克拉斯·林格伦（Niclas Lindren）和其他朋友表示致敬（年轻人都这么说）。我有时候会无精打采，注意力也不集中，他们还得忙里忙外。

　　最重要的是，我想感谢我最亲密的人。我的大儿子肖恩·雷恩（Sean

Rehn）和大女儿利娜·雷恩（Line Rehn），在我写本书的时候变得通情达理了。我的小儿子诺埃（Noëlskinator）常常在我写书的时候坚持要我陪他去做一些更重要的事情，比如说去买个冰激凌、玩玩射气球游戏、玩玩堡垒之夜。这三个孩子都值得我衷心的感谢。

我最满怀深情又最温暖的谢意想给我的爱人凯特·霍兹登（Kate Hodsdon），她一直坚定不移地支持我。有一个写作中的伴侣会带来很多不便之事，但她都静静忍受过来了。她陪伴了我整个写作过程，可以说没有她就没有这本书。

Innovation
for
the Fatigued
How to Build a Culture of Deep Creativity

01

引言
浅水与蓝色深海之间

Innovation
for
the Fatigued

正如一切生物在诞生之初的形状都是不美
观的，一切创新在兴起之初也都是不成形
状的。

　　　　　　　　　——弗朗西斯·培根

创新危机场景一二

这是一本创新文化之书，讲述了为何有的文化能进行深度创新，而有的文化却只能止于创新浅水，做做表面功夫。这还是一本警示之书，虽然人们在创新这个话题上聊了很多，也都声称自己热爱创新，但在人们心中潜伏着危机。从一些大事小事都能看到这场危机的端倪，我们就先从小事开始说起吧。

场景 1：2006年，我还是个年轻的教授，获得终身教授职位并当上院长不过几年时间。我也有一些与公司合作的经历。我刚去一家大公司的总部，被人带到了一个很大的会议室，里面坐着百来号人在等待着我的到来。先是一番寒暄，然后是我的自我介绍。我走近前排的人群，说道："大家好！我叫阿尔夫·雷恩（Alf Rehn），我是来给你们的创新计划提供帮助的。"

人群立马就展现出了积极的反应：人们在微笑，虽然只是时不时地浅笑；你也可以注意到有相当数量的人满怀期待地微微坐直了；有的人两眼闪闪发亮，这种发亮并不仅仅是因为高兴。在随后的讨论中，人们对尝试新事物、打破旧障碍之类的想法满怀热情。这种热情并不是每个人都有的，但是切实存在的。

场景 2：2018年，我没有那么年轻了，可是在企业创意创新领域，我已经非常老练了。我到了与场景1中的公司类似的另一家公司总部，被人带到了一个和场景1差不多的会议室，装修风格和人群情况也都差不多。寒暄也明显差不多，我自己的开场白也基本一样："大家好！我叫阿尔夫·雷恩，我是来给你们的创新计划提供帮助的。"

然而，接下来的场景就截然不同了。仍然有人在微笑，会议室里明显也有很多人感到兴奋，但却不是人人都有这样的反应了。笑脸间还有倦容与怒气，听众中有的人看起来简直沮丧到家了。其实，我还听到有个人在发牢骚："不会吧，又讲这个。"

我讲上面两个场景并不是想证明我在这几年的时间里变得越来越无趣了。事实上，我现在在公司创意创新领域取得的成果要比我12年前好得多。我讲的这两个场景其实为阐述自20世纪晚期以来创新发生的变化提供了很好的见解。"创新"从口号变成了流行术语，公司迫切地追求创新，对创新的理解与接受方式也发生了变革，可结果却差强人意。

人们公认创新是至关重要的一项商业竞争力，是事关公司生死存亡、成功与否的重要因素，然而如今却成了一个痛点。在20世纪中期，你或许能找到一家大公司既没有年度创新计划，也没有创意大赛，不会经常召开商业模型创新研讨会。如今，这样的组织比独角兽（这里不仅指独角兽创业公司，也指那种有角的马）还少见。在20世纪中期，有关创新的书籍还是一个有趣新颖的图书分类，而如今，这样的书籍已经随处可见。

在当代公司里，普通员工听到"创新"这个词的次数数都数不过来，看一个又一个的创新顾问来来去去，他们对3M公司生产的彩色便利贴都已经有点过敏了，并且整体上感到厌倦与反感。场景2里的听众并没有对我厌恶，相反，他们其实在经历**创新疲劳症**。这种病挺古怪的，原本应该起到激励作用的东西反倒让人精疲力竭。现在，这种不适感正在快速传播，且正演化成一种流行病——就算我们迈向了想象经济也不能幸免。这种疾病在不经意间就会莫名染上，在这个过程中，创新不再是强大的变革推动力，而变成了……另一样东西，另一样……浅薄的东西。

本书就会讲到这个挑战，讲到创新是如何沦为一种浅薄而表面的东西，对此我们又该如何应对。本书还会讲到我们的社会和各个企业所拥有的巨大创新潜能，以及该做些什么来实现创新。本书还会讲到乏味而空洞的标语口号是怎样取代了创新，而我们又该如何反击。本书也讲到了深度创新、精心培养更有深度的创新文化、重新发现创新抱负、探索多样化创新的深层含义。最重要的是，本书讲了创意与人类的关系，以及我们需要把两者从现代创新思维的浅水中拯救出来。

关于创新的老生常谈

不知道你有没有这样的经历：坐在创新讲习班或研讨会里，总感觉自己之前就听过这些话，脑中的术语也开始模糊了起来，甚至都要分不清破坏性和变革性的差别了。你也记不清到底是从什么时候开始，把新的咖啡销售方法或新的垃圾桶清理方法描述为不同凡响又别出心裁也是可以接受的了。你看了看幻灯片，不知怎么的，总觉得上面的每一个例子都似曾相识。然后你意识到，这并不是似曾相识，你之前就听过这些例子。你以前喜欢埃隆·马斯克（Elon Musk），但现在一提到他或者是特斯拉公司（Tesla），你眼睛就会抽搐一下。恭喜你，你在经历**肤浅创新**。

恭喜你，你在经历肤浅创新。

　　就跟刚刚过去的几年一样，**每个月都会有**100多本讲创新的书出版。虽然并不是所有的书都会讲公司的创新管理，而且有的书可能只是和主题沾一点边而已，但如果你浏览一下出版数据，看看谷歌（Google）图书和亚马逊（Amazon）之类平台上的图书分类，你得到的数据就是这样——每月有100多本相关书籍出版。也就是说，如果你一天只看3本讲创新的书，其实你已经落伍了。这还只是书籍，还有太多的其他材料：源源不断的领英（LinkedIn）带来的信息海啸、杂志、推特（Twitter）推送、博客和各式各样的政府宣传册。我们可能需要讨论我们这个时代到底有多么创新，但是有一点是毋庸置疑的——**我们生活在念叨创新的黄金时代里！**

　　既然说了这么多，那我们是不是应该停下来，问问这些滔滔不绝的话语和源源不断的书到底在表达什么。这样的话语真的能让公司变得更有创造力，让社会变得更有创新精神吗？或者说只是……说说而已？我是南丹麦大学工程学院（SDU）研究创新、设计和管理方面的教授，所以我一整天就是讲讲创新、写写创新。那100本书呢？人们可能觉得我应该每本都看过。我虽然不能声称自己一天会看3本讲创新的书，但还是看了很多的。因此，如果你真的想看完所有关于创新的书，我可以告诉你会发生什么：你会疯掉的，但不是大家都以为的那种原因。你会发现，其实读当代的创新著作是不会让你头痛欲裂的。相反，你会因为书实在太**无聊**而步入癫狂。

　　为什么？因为在所有讲变革或跳出固有思维（我讨厌这个短语，有种想把它换成"逍遥法外"的强烈冲动）的言论里，当代创新书籍有一些不容忽视的特点：极高的相似性与重复性，给出的也都是标准化的建议。估计要不了多久，人工智能也能写出一本讲创新的书来，只要用上一模一样又没完没了的建议就好了：把目光放到自身产业之外去寻求新创意、聆听各式人群、以客户为实验对象和测试对象、敢于冒险、学会拥抱失败。看吧，刚刚就让你少读了自21世纪早期以来的50本畅销创新类书籍。**不客气**。要是给出的都是标准化建议，那么放到实例中，这些建议给了就跟没给一个样。我以前开过一个玩笑，说好像有个规律：每本讲创新的书里必须在书的前10页提到苹果公司（Apple），否则这本书就会卖不出去。当然，如今的局面发生了变化，现在你必须在书的前10页提到苹果公司和特斯拉公司。

撇开玩笑话，讲创新的书籍中没完没了地引用、再引用的公司其实也就那么几家：苹果、爱彼迎（Airbnb）、亚马逊、谷歌、脸书（Facebook）、奈飞（Netflix）和特斯拉。一用再用，乐此不疲。偶尔会有人偷偷用一些其他不大知名的公司，但是大趋势还是很明确的。"世界最具创新力企业"榜单上也是一样的悲惨场景：来来回回就这么几家公司。各家杂志也在这几家公司上大费笔墨。加里·莱因克尔（Gary Lineker）是英国足球的权威人物，他就曾把足球描述为"一个简单的运动：22个人追着球跑90分钟，然后德国人最后都会赢"。他的这个描述广为人知。如今，我们可能会认为创新是一桩尤为复杂的现象，而在列举最具创新力的公司时，苹果总是会拔得头筹。2014年年底，波士顿咨询公司（BCG）和普华永道咨询公司（PwC）各自发布了独立报告，似乎想一次性弄清楚到底哪家公司是世界上最具创新力的企业。波士顿咨询公司报告的前三名是苹果、谷歌和三星（Samsung），而普华永道咨询公司的前三名是苹果、谷歌和亚马逊。回头再看看这两张榜单，前十名中有70%的公司都是一样的，只是名次略有变动而已。再让我们快进到2018年，《快公司》①（Fast Company）杂志发布了"全球50家最具创新力企业"榜单，真正发生的变化是谷歌已经失宠，掉出了前十，但苹果仍是第一，亚马逊第五。越来越多的变化正在发生……

到底是怎么了？一句话来概括，我们讲的"创新"并不是真的创新。事实上，我们的许多"创新"也不是创新。"创新"并不与创新真正相关。因此，我们需要严肃地谈谈如今的创新到底是什么样的，谈谈肤浅的创新思维和深度的创新思维有什么不一样。

> 我们讲的"创新"并不是真的创新。
> 事实上，我们的许多"创新"也不是创新。

当今的肤浅创新

在过去，"创新"这个词只会用在界定清晰的项目上，使用的次数还是有限的。而如今，差不多什么东西都能用上这个词，现有产品的真正变革性发展能用，其他杂七杂八的东西也能用。自我从业以来，在发

---

① 《快公司》与《财富》和《商业周刊》齐名，是美国最具影响力的商业杂志之一。

现使用者用错词之前，经常还会觉得他们的用法其实还挺幽默的。家乐氏[①]（Kellogg's）的总裁就曾有过这样的著名论断：他把塔塔饼[②]（Pop-Tarts）这个已经存在了50多年的产品推出了新口味（花生酱味！）叫作创新。家乐氏可能不知道《华尔街日报》（*Wall Street Journal*）一向厌恶商业上的夸张，还刊登了一篇颇具讽刺意味的文章来反驳这一论断。我还见过有广告声称卷笔刀是教室科技的"革命性"创新。有的人明明最传统了，却说自己是创新者，甚至是创新行家。也许你还可以说出几个乱用"创新"这个词的例子。其实，如今创新几乎成了一切事物的核心，成了一种普遍现象，我们早就见怪不怪了。创新及与其相关的几个词——创意、革命、破坏等，在商界都已经成了电梯音乐（*lift music*）一般乏味的存在：虽然我们不会去听，但总期望音乐是播放着的。

其实人也不需要多聪明就能意识到，创新其实是需要付出代价的。我们之前提到的铺天盖地的创新言论和当代把什么东西都说成是创新的趋势，最终根本就没带来创新，反而造成了创新疲劳症这一极为普遍的现象。并不是说人们就不想创新了，人们当然还是想创新的，只是人们参与的讨论中能解决有意义问题的实在是太少了，讨论的东西也都是一遍又一遍、反反复复讲的废话。于是，人们就累了。陈词滥调式的创新言论还有其他弊端。创新的言论变得越来越肤浅，我们也已经开始看到愈加狭隘的创新思维：不论是商业模式中的游戏化、开放式创新和免费增值，还是加入到人工智能中去，比起这些创新能带来怎样的影响，人们更在意该如何

---

① 公司为全球知名谷物早餐和零食制造商。
② 家乐氏旗下的果酱吐司饼干。

重复这些当下的创新热词，任何一个都可以。

我把这些行为叫作"肤浅创新"。对大多数人来说，这样的创新就是寻常的创新。我们讲创新时，这样的创新就是最正常的方式了，这是因为我们还没有谈论到更多的其他创新。创新批评也该关注这个方面。肤浅创新这种形式，相对实质性内容来说更强调风格，相对真正驱动创新发展的故事来说更强调容易辨认的故事，相对开辟新天地来说更关注符合当下的叙事方式。肤浅创新现在不仅影响着我们的文字表达，在企业中也随处可见。

肤浅创新公司之一二事

我写过最了不起的东西，我甚至开玩笑称其为巨作，是一场长达20分钟的创新讲稿，讲座对象是一家美国大企业的执行团队。鉴于这个执行团队的成员在这个故事里不总是作为正面例子出现，我就先不说他们的名字了，但只要你是个现代人，你就会用到他们的产品。他们是信息技术和广义电子工业领域里的重量级人物。讲到世界上最具创新力的公司，这家公司常常居于显眼位置，并且，我说的不是苹果公司。

我在一场大型科技会议上发表了一场成功的主旨演讲。随后这家公司就找到了我，邀请我给他们做一个为期2天的研讨会。一开始我是想拒绝的，因为这家公司实在是规模太大了，太气派了，太成功了，我都不敢给这家公司做研讨会。简而言之，我怕给这样一家公司做研讨会。我曾和一些业界大人物有过争执，但这场研讨会可远不止如此。我要用上整整2天的时间来给这些世界上最成功的创新者讲创新，所以我真的是怕死了，很怕自己到时走的时候跟个傻子似的。

但我有自己的骄傲，所以我接受了邀请并做了充分准备，我估计当时准备的材料都够5天的研讨会用了。一部分原因是材料准备起来还挺容易的，另一部分原因是我得防止自己的听众抗议，所以要保证自己手上有足够多的材料。于是我就坐飞机去了那家公司，研讨会开始了。如果你知道研讨会进行得很顺利的话，一定会很高兴。对我一个大男人来说，这个执行团队（几乎都是男性）彬彬有礼又善于社交，看起来真的对研讨会很感兴趣，也记了很多笔记。但事实却是，第一天结束的时候，我没有为自己的表现感到失望，反而是他们的表现让我大失所望。

我就在那里，准备接受挑战，接受质疑，但是我得到的就只有笑脸与点头！当然，他们参与了互动环节，也问了一些很好的问题，但我第一天结束离开的时候明显感觉得到的反馈还不够。因此，第一天圆满结束之后，我斗胆去询问总裁，可不可以从第二天开始做一些实验性的东西。我说这个实验可能会让他的团队感到恼怒，但他确认我做的事情不违法后，就批准了我的想法。

于是我回到酒店，开始写我的巨作——那篇时长为20分钟的创新讲稿，里面**没有一句敏感的话**。说这是篇毫无意义的讲稿是一种误读，因为这稿子离说得通还差十万八千里。这篇创新讲稿内容相当索然无味，还浓缩在最索然无味的形式里。这篇讲稿中讲创新的口号极度空洞，提取出来和达达主义①诗歌差不多，一点实质性意义都没有。这篇稿子简直

---

① 达达者的创作追求"无意义"的境界。

优秀。

我慢慢开始了。我一开始就跟他们讲一些至理名言，像"我们要破坏变革，也要变革破坏"。这些宣言对商业模型的创新来说，毫无意义。我讲到一半的时候，还非常自豪地宣称我们需要"在蓝色海洋里找到白色区域"。老实说，讲这些话其实是有点大不敬的。然后为了强调，我大概还花了15～16分钟的时间讲"你们应该跳脱思考的那个盒子！"讲真的，要是你觉得这些算言之有物的话，那就说明你其实不是个创新者，反倒是个禅师，什么都知道，但也不在尘世中了。

我在创新剧院式公司①也受到过一些训练，所以我在研讨会的第二天，不只是读一些愚蠢的创新废话，我还会鼓动人心。我讲起来坚定不移又言之凿凿，讲到那些毫无意义的论点时还会辅以大量能给人留下深刻印象的手势。我的言行举止富有戏剧张力，夸张做作，又装腔作势。简而言之，我竭尽全力让我的讲话看起来像是一场正经演讲。显然，我这么做就是想看看这些创新大师什么时候会意识到我是在开他们玩笑，而且我不是很想让他们一眼就看出来。可是，我在读讲稿上那些空话的时候，我的听众并没有展现出嘲弄与怀疑，他们还在记笔记。

于是，我就这么给世界上最受尊崇的创新者们讲了整整20分钟的废话，就算我让他们跳脱出固有思维，我都没听到有人吭一声。我意外地念完了准备好的一大堆废话，脑子里再也想不到新的废话可讲。我开始有点慌张了，我就问有没有人能概括一下我之前讲的内容。有一位副总裁跃跃

---

① 指空谈创新却不付诸实践的公司。

欲试，可是他看不懂自己的笔记，卡壳了。然后我就指出，我刚才讲的东西其实完全都是废话，要是他的笔记言之有理的话，我才会感到惊讶。我甚至跟他们强调刚刚那不仅是一番废话，更是一场充满讽刺意味的"创新"讲话。就在那时，刚才那位副总裁如梦初醒，看起来有点像一只忧伤的小狗狗，评论了一句"可是你讲的东西听起来就和别人差不多啊"。

创新迷途

我讲这个故事并不是想痛斥这家匿名公司的执行团队，我只是想说明人真的很容易受创新空谈蛊惑。我还想用这个故事来强调，为什么一家公司口口声声说自己重视"创新"，但其实其公司文化并不是真的重视创新。创新在过去还有些意义，但如今，就算是再聪明的人也会困于口号，困于故作姿态，困于冗词赘语。也不是说听我课的那些高管就很愚蠢，相反，他们就跟我们大多数人一样，已经过于习惯肤浅的创新言论，所以也就辨别不出荒诞与现实。其实就跟分不清硅谷（Silicon Valley）里哪些公司是正经的创业公司、分不清美国喜剧中心频道（Comedy Central）里哪些是恶搞一样，如今对创新的摇旗呐喊也已经分不清哪些是讽刺、哪些是支持了。

这造成的不仅是表面的后果。当然，你在这里看到这个故事很容易就会笑，或许派拓网络①（Palo Alto）过于讲究的公关用语和另一本山寨的

---

① 一家著名的网络安全公司。

创新书籍也会让你发笑。但重要的是，我们要知道这并不是笑话，也不是什么蠢事。每家公司都会有好的一面，也有坏的一面。从好的一面来看，让"创新"这个词空洞化意味着公司在推广的时候就可以更自由地把自家活动说成创新，也可以把自己标榜成创新者。这样公司就可以夸下海口，还很确定没有人会让他们来证明自己。然而，从坏的一面来看，这样的做法体现的是目光短浅。既然什么东西都可以被说成创新，那么"创新"这个词其实就已经失去意义了，人们在面对创新的时候也就越来越感到疲劳。

> 从社会层面上看，把什么东西都说成创新是有问题的，
> 从公司层面上看，结果也会是灾难性的。

人们不知道在多少会议上过度使用过"创新"这个概念，这个概念还不断地和一堆研讨会及顾问产生联系，其意义已经开始越来越空泛了。公司也不得不面临这么个局面：公司不再持续关注自身的认知盈余，反而越来越感到疲劳与厌烦。有关创新的言论正变得愈加普遍，变得包罗万象，好到极点的时候人畜无害，坏到极点的时候又令人恼火。大多数公司有大量的创新资源，可基本上没几家公司真的在上面投资。许多管理者都陷进了创新产业编造的故事里，关注"像埃隆·马斯克那样思考"或学习"世界级商业模式创新的三原则"，而不愿培养诞生于自己公司的创意。这样的情况我见过太多次，事态不容乐观。没完没了的标语口号和顾问大军都让这些公司的员工疲于应付，他们早就受够了，但就是放不了手。此外，当

今时代比以往任何时代都更需要创新。

举个例子，我最近在和一家医药科技公司合作。该公司在行业颇有地位，系列产品出色，销量稳定。董事会不断施压要求执行团队寻找新产品，最好还是高利润的那种。而执行团队基本上也会照做，但他们不会从公司自身去调查以获得潜在灵感，而认为最好的办法是为当前团队开展集中性的创新教育项目。然后呢，就有一家创新领头机构与其签约，负责设计项目，报价不菲。而这个执行团队就会有一堆书要看，这些书主要是创新分类下的畅销书。公司还会邀人来做创新主题的演讲以作为项目的一部分（我就是这么和这家公司发生联系的），去加利福尼亚（强制去谷歌和脸书参观）也在项目之列。

我是在项目进行了一半的时候参与进来的。我做了一场演讲，然后因为一些相关工作留在了这个团队。我问他们想要达到什么样的效果，为什么觉得自己陷入创新困境了。他们的回答……真糟心。他们很快就学会了要参考新的商业模型和破坏性创新，他们会谈到标新立异和冒大风险，也会讨论到要在大数据和人工智能上多投资，还有人甚至讲到了要开发出一款"应用内完成购买"（in-app purchases）的程序，这让我觉得要是你想把心脏起搏器升级到实用功能水平，你就得刷信用卡。可是当我问他们有没有把这些想法付诸实践，有没有着手解决医药科技公司其实并不直接服务于顾客这个问题，有没有尝试不为利润而去开发有影响力的医疗科技时，他们每个人看起来都很困惑。为什么在他们忙着"创新"的时候，我还在问一些烦人的问题呢？为什么我突然间就想深入了呢？

什么是深度创新？

如今，不管是在公司里还是社会上，谈论、进行的创新大多都是肤浅创新。我们关注的都是浅显易懂的东西、大同小异的东西、被媒体合理化的东西。但是创新其实还有另一种形式，这种形式的创新更为重要，而由于我们目前的"创新"富丽堂皇又颇具魅力，这个重要形式的创新便被迫退居其次了。**在这么一个偏爱肤浅创新的社会里，深度创新已经被边缘化了。**

"深度创新"这个词语看起来像是在盲目反世俗，和"新世纪"①（New Age）概念有点联系，都是引用空洞言论却自认为有深度的新世纪跨界商业模式。这其实跟我的设想南辕北辙。我用"深度创新"这个词语来和如今肤浅的创新言论做对比，将它作为荣誉勋章来表彰能坚决抵制肤浅创新的公司。深度创新并不是一种模型，不是2×2矩阵，也不是什么古怪的缩写，而是一种社会思潮的存在，提醒我们创新不止我们寻常所见的那样。深度创新和价格过于昂贵且配有APP的智能梳子（是的，这种梳子是存在的，感谢创新）形成对比，和无数本写如何"像埃隆·马斯克那样思考"的书籍形成对比。深度创新讲的是真正创造一番变革，而不是屈从于当下的流行趋势。

于是，肤浅创新和深度创新就代表着两种实践与思考创新的不同方式。前者更普遍，因为它强调的东西很容易就能想到，也很容易就能被

---

① 形容不同于西方现代价值观的精神或思维。

接受，全是标语和可辨认的图标。肤浅创新只要基本服从就好了，也不需要除此以外的能力——别人喜欢什么，你也喜欢什么，让事情简简单单就好，不用问一些复杂的问题。肤浅创新就像一张前十榜单，不得罪人，想听的话轻易就能听到，但也几乎没有什么实质性效果。肤浅创新易于消费，不会被太多人厌恶，最后就跟牛奶一样安全无害，稳稳当当。大多数公司实行的创新都是肤浅创新，这也没什么好大惊小怪的，因为公司所接受的训练便是安于这种形式的创新。四平八稳、无济于事、寡淡无味，但这就是我们现在叫作"创新"的东西。

另一方面，深度创新则截然不同。就算还没有模型，也会去尝试和试验新事物，这才是深度创新。它磨形炼性，富有挑战又难以消化，还挺像曾在世界上引起轰动的各种音乐类型。如果说肤浅创新是电梯音乐的话，那么深度创新就是一种考验能力的全新表达形式。深度创新可没有肤浅创新那么简单，就好像贴一张海报很简单，但把一张海报变成浅显易懂的食谱却很困难。深度创新要求高，有挑战性，又考验人。换言之，对公司来说，应对深度创新虽然更加棘手，但是比肤浅创新重要得多。

肤浅创新会开发一款应用程序帮人们找到去沙滩的最佳时间，而深度创新会创造出清理海洋塑料的方法；肤浅创新会推出另一个品牌，而深度创新会在大城市里推出可持续污水处理系统的服务；肤浅创新会开发一项免费订阅服务，而深度创新会为单亲穷困家庭负担子女教育找到可行方法；肤浅创新常常拿到风投资金，而深度创新却可以拯救世界。

肤浅创新与深度创新之比较

肤浅创新	深度创新
表面	意义
利润	价值
新奇	影响
专供	普惠
外观	效果
从众	独特
基于消费	可持续性
善于模仿	雄心壮志

　　肤浅创新关心的是外观和表面，关心快收益和新奇度，而深度创新涉及更多的是效果与意义、价值与影响；肤浅创新面向富贵人士，而深度创新普惠大众，试图解决困难人群的疑难杂症；肤浅创新喜欢从众，喜欢复制商业模型与设计，目标是炫耀他们也和其他人一样具有创新力，而深度创新并不关心自己创造出来的东西会不会在硅谷的某个豪华派对上马上就受到认可，它喜欢独一无二的方法；肤浅创新是一种效仿行为，而深度创新是一种思维模式。

　　换言之，创新不止一种，它可以有很多种模式，也可以用许多方法来完成——只是部分方法更为深刻一点而已。可是，我们在讲创新文化的时候，常常就把它认为是单一、固定又孤立的。

创新文化的四种极端

创新文化并不是一家公司有或者没有的东西。每家公司都有创新文化，只是有的公司的创新文化处于休眠或无精打采的状态而已。也就是说，每家公司其实都在某些方面拥有一些新奇之处或新想法。我们可以从积极与消极的角度来探讨创新文化，但是这个角度远远不够。就如我刚才所说，之后也会再强调几次，一家公司就算没有什么创新成果，在创新圈里也是可以很活跃的。

因此，讲讲各公司是怎么看待创新的，他们又想追求什么样的创新，就尤为重要了。为简洁起见，我想把公司的创新文化先分个类，分类标准是公司关注的到底是影响还是新奇，是要追求独一无二，还是效仿同类公司做的事情（从众心理）。影响在这里指的是强调变化的创新手段，而新奇强调的是创新本身，强调有没有新功能，有没有可以营销的方面。那些尝试独特创新的公司也就是在创新圈里探索可能性的公司，致力于探索竞争者未涉及的领域。而从众创新公司也就是那些盲目扑向潮流的公司，它们才不管潮流是区块链还是清洁技术。

我们从这两组对立面中就可以得到一个简单的2×2矩阵。要是你找过创新顾问，你对这个矩阵一定很熟悉（是的，我知道这有多讽刺）。

	新奇	影响
独特	炫耀式	深度
模仿	肤浅	社会

四种创新文化

肤浅创新文化以新奇产品或服务为目标，全然不顾是否会留下有意义的影响。这种文化盲目地跟随创新潮流，如果同类公司推出了应用增强现实（AR）技术的产品，这些公司立马就会开始模仿，推出自家的增强现实技术产品。

社会创新文化关注创新影响力且并不执着于营销，但同时也会敏锐地跟上当下时兴的创新。比如说，在格莱珉银行（Grameen Bank，又称"孟加拉乡村银行"）受到全世界认可后，类似的微型金融平台就大批量出现了。

炫耀式创新文化渴望做出一番独特又宏大的事业，但仍然很在意世人的眼光，而忽略了是不是真的能够做出重大变革。比如说，我们经常会发现有的公司会引入超高科技来解决一些最多也就是鸡毛蒜皮的小问题。也许我们可以把很大一批智能家用科技开发公司算入其中。

深度创新文化以探索独特方式为目标，致力于做出有意义的变革，不关心是不是被作为榜样、是不是代表着最让人印象深刻又最具营销力的新事物。这种文化强调影响，强调将创新作为世间一股善意的力量，不担心成果到底会不会被专家和顾问看作创新。

而实际上，几乎每家公司都会同时具有这四种创新文化。比如说一家公司的某部分是典型的炫耀式创新文化，但还有某部分是深度创新文化，这也不是完全不可能。就拿创新书籍中两个出现率非常高的例子——苹果公司和特斯拉公司来说，两者都是这两种文化的结合。特斯拉公司汽车的"疯狂模式"就是典型的炫耀式，但同时在全电动交通工具上的努力又是别出心裁且具有影响力的。同样，苹果公司虽然做了一些非常具有深度的创新，想找出能让所有人都用上电子产品的方法，但是苹果手机的更新换代又常常被人指责，称其将目标客户转向了爱炫耀的人，甚至还有人说苹果的这种做法是肤浅创新。

因此，你的任务是：（1）理解你公司目前的创新文化；（2）看看你公司的创新文化能不能至少有那么一点点可能变得更有深度。但问题是，这种改变是不会自然出现的，事实正好与之相反。创新不止一种，创新形式有很多种，但不是每种创新形式都值得赞赏。就跟政策其实也分好政策和坏政策、新闻也有真假之分一样，有的创新重要且有影响力，有的则肤浅又愚蠢。那问题到底在哪儿呢？如今，肤浅创新有着远超过我们想象的市场营销与公关力量。实际上，这种日益繁荣的肤浅创新正演变为一个产业。

"创新"产业

创新，尤其是肤浅创新，其概念本身并不是最重要的。相反，现代对创新的高度关注有一点很有意思，各种高级的设备只是用来推动"创新"这一概念，并创造出无休无止的炒作浪潮。如今的创新自成一个产业，其中有不计其数的成员，肤浅创新就是他们的产品。产业里有创新顾问，他们的收入全靠让公司相信：公司要想变得有创造力，是需要帮助的；产业里有创新专家，他们的专业知识不过是些所谓"创新真理"的简单事实；当然还有创新类书籍，也是上述成员的产物。

产业里各个成分互相滋养，互相支持。这一点也不奇怪。肤浅创新课程指定肤浅创新书籍，创新会议需要创新专家，创新网络需要创新顾问不断为各个线上经销商撰写内容。现在发生的这一切其实就是一遍又一遍老调重弹而已，不用花多大精力。事实上，整个创新产业就可以概括为肤浅、易于辨认和容易消化！然而，这个产业的代理人又会大为恼怒，抗议用以上词语来形容他们的工作。创新产业实际上更多的是在创作内心的安全感，而不是推动新事物的发展。一遍又一遍地重复那几个榜样——苹果、谷歌、亚马逊和特斯拉，让创新听起来如雷贯耳又深入人心，也确保了受众永远不会看到什么过于激进或奇怪的东西。易于辨认的创新模式和思考者构成了创新产业的全貌，创新作家们又大都引用他人观点，近乎完美的创新泡沫就这样诞生了。

创新泡沫创造了一个讨论创新的重要场所，但这个场所非常没有创新力，还把创新变成了一种相当无聊的东西。第1本讲创新的书很可能为公司提供能量，第10本书就没有那么鼓舞人心了，到了第100本的时候，读者可能就要抓狂了——特别是书的基本想法明明都一样，还要这么来来回回一遍又一遍地说，很气人。简单地说，创新思考的产业化让肤浅创新的话语大量产生，也成了创新疲劳症的根本病因。

创新商品化

在这里，我们看待创新的方式有一个巨大改变。过去，创新被视为大事件、大变革，只有对的人聚集在一起，并致力于改变世界才会实现。如今，因为创新产业的出现，人们逐渐把创新看作一种商品，看作一种有钱就买得到的东西。当然，没有人会大声地说出来，但是创新产业内部的主要逻辑基本上就是这个——商品化的创新。

创新成了只要看对了书、去对了会议、用对了方法、上对了课，就能学会的东西。创新成了可以从创新顾问公司买到的东西。如今，你还可以去参加那些声称可以让你成为持证上岗的"创新大师"，然后再进阶成持证上岗的"创新领袖"的课程——自然你也是要付点钱的。各公司也竭尽全力地把自己作为创新者来进行自我推销。如此一来，这些公司也就参与进了创新产业这个工厂的生产中去。层出不穷的创新公关和源源不断的创新文章都企图硬性灌输这么一个理念：我们在创新。一般来说，一家公司越没有创新力，就越能快速炮制各种报告，也越喜欢把自己表现得很有创新力的样子。

但是对公司来说，如果创新一直停留在海报上的词汇或年度创新典礼时分发的纪念短袖上的欢快标语，会发生什么呢？要是员工觉得经理一点都不关心他们已有的创意，反倒对新的创新报告更感兴趣的话，会发生什么呢？要是创新成了你上课学习的东西，而不是在工作中运用的东西，会发生什么呢？用一句话来回答，创新变得肤浅了。创新成了表面功夫，这终究会耗光我们的精力。但我们又需要更多的能量，需要更多的想象力来创新，这对我们来说是不幸的。这样的难题要怎么解决呢？

> 要是员工觉得经理一点都不关心他们已有的创意，
> 反倒对新的创新报告更感兴趣的话，会发生什么呢？

想象力经济的得失

创意、创造力、创新力和想象力在每个经济模式与每个层面上都扮演着重要推动者的作用，其重要性已经得到了普遍认可，这其实已经不需要再赘述了——但是此类叙述依然很常见。简而言之，我们知道公司尤其在受激烈竞争和快速变化的环境所限制的时候（好像现在还有其他什么限制似的），就需要使用想象力，提出创意，然后创新。我们懂，公司懂，公司的执行总裁懂，就算是政客也懂。要是我们什么时候忘记了，还可以指望创新公司来提醒我们，一遍又一遍地提醒。

讲到创意和创新的重要性和价值的时候，明明大家的观点是一致的，但并不是所有的公司都理解，虽然这些公司是创意和想象力的温床。事实上，我们大多数人都可以证明，有很多公司宣称创新是自己的核心价值观，但其实并没有落实这个理想。看看数据，我们会发现许多已有的问题都可归咎于创新疲劳症。然而，在意识到了创新力的重要性后，如今许多公司越来越担心自己产生与实施创意的实际能力。麦肯锡咨询公司（McKinsey）进行的一项研究中有一组频繁出现的数据显示，有高达94%的执行总裁对公司的创新情况感到不满意。

而对我来说，这是个很有意思的难题。公司知道它们得变得更具有创新力，可是谈论的却又是另外一回事。这些公司在研发上投入了大量的资源，还有一批批无休无止的讲习班、研讨会、顾问团和会议。然而，也正是在这些公司里，我们可以明显感受到人们对这些创新培训的恐惧与忧虑，还有显而易见的疲劳。这就让我想问一个关键的问题，这个问题一直困扰着我：如果这些关于创新的言论并不是解决方案，反而产生了新问题的话，会怎样？

我们当代的创新言论是肤浅的，这就是一个问题。这个问题并不是无法解决，但非常严峻。我们需要在创新上开拓新话题，需要脱离创新产业，需要脱离向那几个成功榜样表示肤浅致敬的话题，需要构造强大的创新文化，从而让人们充满活力而不是身心疲惫。如此一来，我们还是可以做出一些改变的。虽然不是所有公司都能抓住公司内部依然存在的巨大潜力，即我们如今浪费挥霍的大量认知盈余，但大部分公司还是能够做到的。

我们的认知盈余

我在发表关于创意和创新的主旨演讲时，常常会回到一样的中心主题。在讲当代公司的创新能力时，听起来我可能很消极，但这只反映了我的部分观点而已。事实上，我在看到肤浅创新的同时，也看到了人们进行深度创新的能力以及如何深度创新！至今我已经以各种身份和数百家公司有过合作了。我在每一家公司都会花点时间和内部员工进行交流，我最喜欢和中层人员交流，不管是小组还是一对一。通过这些谈话，通过对这些公司的探索，我意识到：这些声称自己想不出好创意的公司其实并不缺少好创意。没有公司会缺少好创意，真的不会，没有哪家公司会没有好创意。对，就算是你工作的那家公司也不会没有好创意。

与此相反，我在每家合作过的公司，最多只要花上几分钟的时间，有的时候只需要几秒钟，就能发现新的创意，而且这跟公司是不是紧追潮流的信息技术公司、是不是政府机构毫无关系。我还在焊接公司和专注老年护理的公司发现过好创意呢。其实，一家公司把自己说得越传统，其文化内部可能就充溢着越多好创意，虽然有时这样的情况会受到压制或隐藏。

但不管是现在还是过去，就没哪家公司是缺少好创意的。

我合作过的每家公司，创意其实都满到溢出来，其中包括以传统闻名的公司和在竞争中惨败的公司。所以找不出创意并不是问题所在。创意一点也不贵，可以快速大量产出。创意很重要，数量也很庞大。我们面临的挑战是：怎么利用创意？或者说，我们到底了不了解我们手头上拥有的创新资源？

2010年的时候，美国媒体理论家克莱·舍基（Clay Shirky）曾经写了一本书，叫《认知盈余》（*Cognitive Surplus: Creativity and Generosity in a Connected Age*）。在这本书里，他认为，互联网催生了大量新型联系与合作工具，我们可以把这些工具认为是聚集社会"认知盈余"——即那些可能被闲置的人类思维——的手段。人们不再坐在电视机前，而是开始创作同人作品（指非商业性、不受商业影响、不以营利为目的、不在商业平台发布的由个人或团体创作的作品）、编辑维基百科词条、参与心血来潮却又举足轻重的项目合作，其实这也就意味着认知盈余被集中在更为积极、更有价值的追求上了。认知盈余这个想法要是稍微再浪漫一点就更讨人喜欢了，它还指出了创新上非常重要的一项观察结果——所有公司的创新潜力都远远超过我们对它们的赞扬。

如今，每家公司都有一支受过高等教育的团队，每个人都掌握计算机技术。这在25年前是想都想不到的，在50年前几乎就是魔法般的存在。现在每个人兜里（或手提包里）都揣着超级计算机，通过这些不可思议的设备，可以获取更多甚至是世界上的大部分信息，只需点几下图标就尽在眼前了。可能他们至少接受了在创意和创新上的基础训练，他们中的大多数人都已经深入了解更复杂的话题，比如说创新管理工具或商业创新中的模型。综合起来说，就算是一家小公司的创新资源也是可以和超级智能公司相媲美的，超级智能公司的创意和盈余循环的量足以推动整个经济体。

那普普通通的公司又该如何利用创意和创新潜力的金矿呢？大部分公

司似乎都已经满足于把这个金矿放在卧室或会议厅里，在偶尔被人劝诫要"跳出固有思维模式"（这句是最没用的废话）时展示一下。但事实却是，对大多数管理者来说，现在的员工就是公司的认知盈余，他们正在被浪费。其实，他们也可能已经不知道自己要做什么了。肤浅创新是罪魁祸首。

创新致富

这就是本书要讲的挑战了。我们生活的世界充满挑战与奇奇怪怪的问题，而创新就是我们在这场战斗中拥有的最好武器。从另一方面来说，我们生活在全是肤浅创新的世界里，也越来越觉得在创新中缺少了什么东西。我看到了这样的一些公司，也与它们合作过。这些公司拥有海量资源，人才济济，是真的能够改变世界的，但却深受疲劳、压力和困惑之苦。著名硅谷奇才杰夫·哈梅巴赫（Jeff Hammerbacher）就曾经这么说过："我这个时代最聪明的人居然在思考要如何让人们点开广告，太差劲了。"同样的，社会与公司中的创新已经不再是什么了不起的大事了。

而与此同时，积聚的创新潜力却又是前所未有的。我们之前已经提到过每家公司都存在海量的认知盈余，那就更别说整个社会拥有的数量了。但这还不是全部。的确，我们现在拥有的知识比以往都要多，掌握的科技也比过去要先进，在创新上花的钱也比过去多。想要知道全球在创新上到底投入了多少金钱可不是一件容易的事，但是我们可以大约知道最低开销。数家研究机构对公司的研发经费进行了估计，其中包括经合组织

（OECD），而研发资金是创新开销的核心。为了得出目标数字，我们还需要再加上几项其他的开销——政府资助的支出；风投在创新公司上的支出，比如说对非营利领域的创新资助；在商业模型创新上的投资也得算进去。不同机构对评估总体开销采用的综合考量的标准意见不一，我们可以先把经合组织的综合考量标准作为基础数据。几乎可以肯定的是，经合组织的数据肯定是偏低的。而研发经费再加上50%～100%，就可以预估出创新总支出的最终金额。

自21世纪初以来，全球的研发经费在2万亿美元上下浮动。要是我们用经合组织预估的最低标准，我们得再加上1万亿美元，这样最终的总数据就达到了3万亿美元，或者说是3000000000000美元。要是这么看的话，你可能会想到瑞典、丹麦、挪威、芬兰和冰岛这些北欧国家（格陵兰和法罗群岛排除在外）的GDP（国内生产总值）。这些国家虽然小，但也是富有的国家，还很先进，总的GDP加起来也就大约1.5万亿美元左右。换句话说，我们每年在创新上花的钱是北欧国家总GDP的2倍。

其实，我想说这个预估的数字还是偏低的。从我的角度来看，真正的数值可能高达5万亿美元。换句话说，我们不缺资源、不缺热情、不缺创新言论，更加不缺创新书籍和创新顾问，同时也不缺人才、不缺创意。可是，我们在考虑这些投入的时候，需要在产出上画上一个问号。我们的创新投资回报（return on innovation ivestment，ROII）到底是什么？我们又该怎么提高这个回报？

大创意饥荒

简单地说，肤浅创新让我们对创新的理解发生了偏差。从社会层面上来看，在创新产业里，得到更多资源与关注的是那些大肆炒作的公司，而不是真正解决难题的公司。著名风险资本家罗斯·巴里德（Ross Barid）写了本书，叫《创新盲点：为何我们会支持错误的观点，又该如何应对》（*The Innovation Blind Spot: Why We Back the Wrong Ideas and What to Do About It*）。这本书见解深刻，提到了比如说我们盲目崇拜硅谷其实是在破坏创新力。持有局限又浅薄的创新观点的公司仍在寻找下一位史蒂夫·乔布斯（Steve Jobs），主要从"对的学校"寻找有前途的白人技术人员，但这其实错过了许多顶级又具有巨大影响的创意。独角兽创业公司的估价简直就是天文数字，政府和基金资助机构看得头晕目眩，而进行深度创新的公司要是没有行业偶像背景，关注的问题也更为平常、更为基础的话，就很可能被边缘化。

麻省理工学院媒体实验室（The MIT Media Lab）的创始人尼古拉斯·尼葛洛庞帝（Nicholas Negroponte）就曾经讲过"大创意饥荒"，称我们的时代在创新上自鸣得意，却又错失解决长远问题的机会。苹果这家常年深受创新专家喜爱的公司还被点名了。他说苹果公司从基础研究中吸取创意，然后把创意锁在自家公司内部，关在建有围墙的花园里，从来不分享内部研究（甚至还禁止研究人员参加科学会议），还在日益完善的智能手机摄像头上砸大笔的钱，却忽略了计算机技术的基础研究。在尼葛洛庞帝的叙述中，苹果公司就是创新的头号大敌。著名批判性思维家叶夫根尼·莫罗佐夫（Evgeny Morozov）也曾经提出关于"解决方案主义"（solutionism）的论点。针对科技产业的科技乐观主义（为创新专家所传播），他指出我们在问题和解决方法上的行为举止其实限制了我们的选择，也让我们和个别公司更为紧密——显然，这是为了我们好——这几家公司（有时候我们指FAANG，脸书Facebook、苹果Apple、亚马逊Amazon、奈飞Netflix和谷歌Google，听起来就跟神话里的怪兽一样）的优势地位也越来越明显。莫洛佐夫问了一个问题：受利益驱使，这些公司除了无私的事什么都会做，可是表现出来的样子又很无私，我们到底要不要相信它们呢？

同样，弗雷德里克·埃里克森（Fredrik Erixon）和比约恩·威格尔（Bjorn Weigel）在他们的著作《创新错觉：高投入，低产出》（*The Innovation Illusion: How So Little Is Created by So Many Working So Hard*）中称，现今的公司举措，更别提政府政策，正在削减经济活力，还抑制了企业创新。越来越多的资源聚积在不具备增值效益的项目上，而用来解决无关紧要的问题（你今天可以预定一台洗衣机大小的叠衣机FoldiMate——要是你操作正确的的话，一次就可以叠一件衣服），或者用来跟随创新产业当季的科技喜好（现在是写作与区块链和机器人搭得上边的东西）。这些本身并不是肤浅创新，但它们对创新的理解和企业与国家看待创新的看法如出一辙，根本上都是肤浅的。

我们都认为自己处于一个创新的时代，可是历史数据展现出来的却是截然不同的样貌，这是异乎寻常的。罗伯特·J.戈登（Robert J. Gordon）的权威性著作《美国增长的起落》（*The Rise and Fall of American*

Growth）就以引人注目的方式展现了1920—1970年这段时间内经济的活力，这个时间段是伟大发明的时代（铁路、电和室内管道系统），如今，我们也许可以看到极端贫困群体的减少，但是中产阶级在衰落，社会的整体生产力在持续下滑。我们的创新投资规模前所未有，这一切发生了！可是创新产业仍然忙于称赞最新的共享经济，许多公司发现自己的创新投资回报不容乐观。越来越多的资源被投入到创新之中，可是带来的重大成果却越来越少。在计算机工程里，人们过去常常会说到摩尔定律（Moore's Law）。根据摩尔定律，集成电路上可容纳的元器件的数目每隔2年便会增加1倍。在很长时间里，这个定律都是正确的，计算机的运作速度越来越快，性能也越来越令人赞叹。创新产业常常会用这个定律来证明创新是永无止境的，还强烈暗示其他事物也可以跟计算机一样飞速发展。这多亏了数字化的魔法。那唯一的问题是什么呢？现在摩尔定律就算是在计算机领域也不再成立了。首先是制药工业，接着是越来越多的其他产业，我们看到的反而是反摩尔定律（Eroom's Law）。反摩尔定律可不认为进步是永无止境的，反而提出了进步是个快速减速的过程。每隔2年，你需要在创新上投入双倍，**才能保持营业额不变**。就跟《爱丽丝梦游仙境》里的红皇后所说的一样："亲爱的，在这里我们必须跑得越快越好，这样才能留在原地。要是你想去什么地方，你得跑得2倍快。"

相关研究及抗争饥荒与疲劳症的公司

现在，我是最不愿说我们什么都没有的人了。有的公司展现了非凡技能，它可以跑得2倍快。这些公司成功打败了创新疲劳症，打破了反摩尔定律，把握了认知盈余，不受肤浅创新的蛊惑。这些公司致力于深度创新，而本书讲的则是该如何建立深度创新的创新文化。这些公司能够与著名皮克斯（Pixar）动画工作室的艾德·卡姆尔[①]（Ed Catmull）所说的"脆弱的创意"相抗衡。这些公司把我们的宝贵资源用于解决稀奇古怪却又意义重大的问题。

我沉迷于企业创新以及它是如何被荒废的这一课题10年之久，这本书是一份答卷。自21世纪早期以来，在你能想到的几乎所有产业里，我都以这样或那样的方式和数百家公司有过合作。我的身份是学者、面试官或精读档案的人。我曾经还是战略顾问，坐在董事会会议里听总裁讲话。久而久之，我开始意识到公司内部的创新被浪费的程度之深。我看到有的公司无法挣脱肤浅创新的魔爪，许多很好的创意只是因为不符合最新商业书籍里的描述，便被错过了。也有公司让每个人都参与进来，从而推动深度创新。本书就是我在感受过创新的浅滩和深海后写出来的。

之后，我们会探索一下各公司，探索一下创新产业准则之外的公司文化。我们会探讨一家化学公司，这家化学公司在过去不知尊重为何物，靠抹杀员工的创新欲望而独占鳌头，而另一家公司却用一颗小小的药丸就做到了截然不同的事。我们会研究为什么创新不是越快越好，一家小公司又是如何只靠提升自己的创新抱负就发现了新思路，实现了快增速。我们也会研究大型科技公司，它们仅靠禁止"创新"这个词的使用就让自己的公

[①] 皮克斯动画工作室主席。

司文化重新充满能量。我们会研究受肤浅创新和权威意见所引诱是多么轻易，探讨要是真的想进行深度创新，我们需要做些什么。

首先，在本书里，我想先说清楚两件事。

第一，如果我们不能批判性地看待创新和创新言论的话，我们就不能进入下一个层次的创新思维。要解决问题，你首先要理解问题。而如今由肤浅创新思维所产生的问题，我们实在是讲得太少了。

第二，大多数创新文化缺少的东西并不是商业模型或战略理论，而是一样相当基础的东西，正是这样东西才让创新变得有意义。健康的创新文化的核心元素并不是风险承受力，也不是头脑风暴的习惯，而是一些更深层次的价值观，如尊重（人和创意）、互惠与慷慨的精神，勇于展现自己的不足，以及对创新意义的真正思考。

这是本讲创新的书，有的人可能就要问了，现在创新的书实在是太多了，为什么还会有人想再写一本？我写这本书不是为了老调重弹，而是为了讲一些如今被创新产业边缘化的创新事宜。我想为了那些在这个创新变得越来越肤浅的时代中仍然想要进行深度创新的人写一点东西，以表达我的赞美之情。

剩余章节一览

本书随后会以这样的方式继续：

在第二章里，我们会研究创意是如何在现代公司中死去的。在我们明白到底是文化里的什么东西阻碍了创新之前，我们是无法着手拯救创新的，也无法朝着更深刻、更有意义的方向创新。

在第三章里，我们会探索一下培育创新文化的艺术与科学，研究若是人们想要建立一个能表达自己创意并让其变得更有意义的公司文化，该如何应用心理安全、互惠和深思，从而为公司的深度创新打下基础。

在第四章里，我们会把注意力转向**想象和玩耍**。这种想象和玩耍可不是随意的，而是真正的创新里至关重要的方面，是一种敢于质疑现状、推动创新往更好方向发展的精神——虽然有的事情在过去看来根本就是不可想象的。

在第五章里，我们会研究**多样化的重要方面**。一家公司要是没有多样化的创意与思考方式储备的话，是无法进行深度创新的。在本章，我们还会讨论在创意公司里逐渐灌输深度创新是一件多么复杂的事。

在第六章里，我们要讲的问题是**目标、抱负与勇气**。对深度创新来说，拥有一种安全又丰富的文化是非常重要的，但是这需要突破创新里的炫耀部分和让创新变得更有意义的欲望。

第七章的主题是**创新的多种速度**。创新之所以会在公司内部缺失，其中最重要的原因就是不知道为什么深度创新是费时的，不知道为什么我们需要快速实验，不知道如何培育囊括不同创新节奏的文化。

第八章是本书的最后一章，讲了我们该如何把之前所说的都结合起来。你并不只是在培育或建设创新文化，其实你是在一天天地滋养它。创新和文化这两样东西永远都是未竟的事业，是没有尽头的。它们是活着的、呼吸着的生命体。如果想让它们不再变回浅薄、肤浅的模样，我们需要持久地给予它们支持。

Innovation for the Fatigued

How to Build a Culture of Deep Creativity

02

论哈欠与破窗

创意如何在现代公司中死去

Innovation
for
the Fatigued

一个人要是靠对变化浑然不知养家糊口的
话，那就不要指望他能明白变化是何物了。

——厄普顿·辛克莱

人工智能时代人类的创造力

经常有人告诉我们，未来这个时代的竞争是属于数据和人工智能的。也经常有人告诉我们，在我们当前生活的时代，最有价值的员工不是创意人员，而是不同种类的数据分析师，因为他们通过微调就能改进智能公司内部极其重要的算法。除此之外，还有人宣称公司的未来不会由人类思维来决定，而是日新月异的算法、机器学习能力和迟早会参与其中的人工智能。

毋庸置疑，数据是十分重要的，也确实有一部分发展是要由数字化（这个术语有点草率，但这是人们无法避免的一个趋势）来推动的，但是人类创造力要被越来越发达的智能机器逐出舞台这样的说法是漏洞百出的。是的，也许某一天机器是会拥有彻底创新所需要的想象力、创造力和相应技能，但是就算像我这样对科技持有乐观态度的人也认为那一天可能要几十年之后才会到来。虽然我们的曾曾曾孙可能会过上无尽的悠闲生活，但是如今我们仍然需要用老式的方法——人类的创造力来创造竞争优势。其实，未来像机器学习这样的东西在公司成为日常之后，人类创造力的价值反而会得到凸显。

原因十分简单。**数据驱动的提升虽然重要，但和创新不是一回事儿。**的确，数据很重要。的确，机器学习会带给我们好东西，但这些好东西也会给寻常商业带来压力，打磨已知流程，并让我们的知识得到提升。真正的创新看起来可能和我们现在所做所知相去甚远，但还是可期的，而且很可能不只是可期，还会建立在人类以全新思维思考这个奇特的能力之上。如果没有当过酒店老板，就不会有做酒店生意的想法；没有哪种机器学习可以让像航空公司那样的服务业一跃成为低成本公司。人们常常认为这样的跳跃不合理，也缺乏逻辑，因为我们也不知道人类要怎么完成这种跳跃，所以我们也不能指望人类简简单单地就把方法教给机器，尤其是那些受逻辑与理性限制的方法。

新生产力

这也就意味着公司要是希望保证竞争优势的话，就不能再相信数字化，而应该依靠"最佳实践"。我常常把后者称为"过去管用的扯淡"，这是有历史原因的。前者注重在已知事物上创造提高功效的方法，而只有创造力、想象力和独特性才能持续创造难以复制的优势。就跟我之前控诉的那样，大多数公司使用的方法只会产生疲劳，而不是可行的解决方案，霍利斯特（Hollister）和沃特金斯（Watkins）就把这称为"动机过载"（initiative overload）。

> 那些想要获得成功的公司需要做两件事：
> 克服创新疲劳症和建立有创造力的文化。

那些想要获得成功的公司需要做两件事：克服创新疲劳症和建立有创造力的文化。这两个步骤能够让公司抓住已经拥有的认知盈余，并从中获益。要是盲目地重复创新或者数字化这些老话，哪个步骤都完成不了。这种盲目的重复其实是陷在老式的创新思维里了，反而会起反作用。

在旧体系里，生产力就是让人们和机器一起工作，或者说像机器一样工作。效率就是那时候的准则，在工作量中会予以评估。越多、越快也就意味着越好，因为流程变快了，就有更多的数据点，工作强度也会更大。机器学习是完全契合这种心态的，在流水线上做出一点科幻式的改进就有了福特制。以前，那些累人又毫无价值的工作都是员工手工完成的，而在明媚的工作新世界里，人工智能就可以接手那些没完没了的工作了。生产力万岁！

但真正的新生产力却全然不同。在这个体系里，生产力的衡量标准是公司抓住认知盈余的能力。新时代的成功不看多么有效地复制了以前的体系，而看公司有没有这样的体系来跟踪新奇创意的创造、关注、培育和实现。我之前就见过这样的体系。有的工厂产品是令人印象深刻的，根本就不关心产品到底实不实用。因此，一家造鞋厂就只造右脚的鞋，因为右脚的鞋产生的效益更好；一家钢筋厂对钢筋能不能用毫不在乎，钢筋产量大就好了。这就是机器学习，这就是人工智能。时间一长，一个经济体系就产生了。这个经济体系看似高效，其实创造出来的东西压根就不是人们想要或者需要的。

在我们这个年代，我们可以看到一些类似的画面。有公司大量生产无穷尽的创新玩具，也有公司声称创新是其核心价值观。不断有风险投资在跟风产品上投钱，公司也都成群结队地复制最新版本的创新。公司要在未来取得成功，这样是行不通的。公司需要拒绝这种假高效，专注于建设公司文化。在这种文化里，当下效率和最佳实践即为最佳生产力这样的想法会受到挑战。公司需要拒绝创新的简化主义模型,拥抱包容、尊重与多样性。公司也需要准备好拒绝肤浅创新。但是要做到这几点,公司需要更好地把公司认知盈余里的创意和真知灼见联系起来。而要实现这种联系又需要理解创意的生命周期,其中更重要的是理解创意是如何死去的。

谈谈冷淡的社会环境

没有几个人会觉得在西伯利亚开葡萄园是个好创意,想在沙特阿拉伯开鲜花种植公司的人就更少了,也几乎没人会觉得阿拉斯加是创建香蕉帝国的好地方。根本没人会觉得创造力需要依靠大官僚主义。确实,可能是有那么几个人很勇敢,还尝试过一两个上面那些想法,不过我也还没听说过这样的人。要是真的有人这么做了,还成功做起了生意的话,我们是该送上赞赏的。但是,几乎没人这样做,这是因为创意都是基于一定背景的。

要是有人曾经在明显敌对的环境中提出过自己的创意,对我所说的话可能就一点都不会感到惊讶了。或者说有人在适合的环境中提出了自己的创意,立马就被别人慷慨又激动地接受,由此感受到了强烈的喜悦之情。要是你有这样的经历的话,应该也会毫不诧异。我们在讨论创新的时候经常把它作为一种力量,觉得就算是在最冷淡的社会环境中也会支持它,觉得好创意最后都会大获全胜。这些假设都是大有问题的。

在实际操作里,我们在公司里常常看到的是好创意被忽略,然后遭遇一阵强烈反对,之后就会开始一系列创意安乐死的流程,几乎没有创意能顽强存活下来。比如说盖瑞·斯塔克伟泽（Gary Starkweather），他是激光专家，在施乐（Xerox）公司的第一研究中心工作。他首先（以完整概念的形式）有了激光打印机这个想法。如今，你会觉得一个激光专家在世界顶尖的办公用具公司的研究中心工作，有这样的创意纯属偶然，而且公司也肯定会以极大的兴趣接受这个创意。你要是这么想就错了。其实盖瑞把这个创意报告给了老板，老板马上就说这太费钱、太复杂了，是个愚蠢的创意。之后盖瑞就偷偷地实行这个创意，并要求转到另一个研究中心——传奇的施乐帕洛阿图研究中心（PARC）。是的，就是这个地方。在这里，史蒂夫·乔布斯有了麦金塔电脑（Macintosh）这个创意，没有它我们现在估计都没有个人计算机，也没有互联网。换句话说，这个地方是创新产业最具代表性的地方，被认为是有史以来对创意最友好的环境了。

在施乐帕洛阿图研究中心，盖瑞可以好好地把激光打印机的想法付诸实践了，可是过程也并非一帆风顺。研究中心在测试了打印技术后，许多管理层的人都认为打印技术就是一个错误——尤其是荒谬的激光打印机。那时候有3个团队是负责打印技术的，在预算中，一个团队拨了50人的款，一个拨了20人的款，而激光打印团队就只拨了2个人的款。是的，只有2个人。即使之后，团队间进行了一次竞赛，激光打印团队轻易就取胜了，也仍然没有得到管理层的支持。这个创意存活下来了，可只是存活下来了而已。

这看起来很消极。就算在神话般的施乐帕洛阿图研究中心，创意想要存活下来都很难，那在普通企业中存活下来的概率又能有多少呢？我还是觉得从中吸取的教训应该是截然相反的。对创意而言，神话般的环境根本就不存在，就算是再聪明的机构也会有笨手笨脚的时候。创意在任何环境中都会面临死亡，不管公司有多出名。所以，要搞明白，创建一个创意与创新都有可能发光发热的环境，创建一个连稚嫩创意都能成长为成熟创意的环境，靠的其实是我们自己。可是如果要做到这些，我们就得更好地理解创意，就算不知道创意是如何诞生的（大部分创新书籍中都有所关注），也得知道创意是如何死去的。

创意孤独的死亡过程

我们严重误解了创意的死亡，尤其是在企业内部。那些说企业是怎样阻碍创意和创造力发展的说法是有很大问题的。我们在讲到企业的时候，常常会觉得它是由特殊的一种人——"创新绝缘星人"构成的，并在此认知上编造我们的故事。之后呢，我们每谈到这些人，搞得就像这些人只会在公司晃来晃去，还老是果断地对创意来一顿痛批。这成了我们的创意被嘲笑，同事暗中妨碍我们，老板又会说"不行，不好意思，这个主意肯定行不通"的借口。这样的想法是大大的误解。其实，创造力更多时候会被人以被动又安静的方式而阻碍。谋杀创意的人根本毫不自知。大多数创意是因为没有受到注意与照料才死去的，而不是公然的反对与批判。

杀死创意的最好工具不过就是经常的小哈欠而已。

不管是在什么公司，你总能想象到这么一场会议。在这个小小的画面里，我们可以看到企业中的创意究竟是怎么死去的。有点像这样的一个过程：

"嘿，听着，我有一个点子！"

"……"

"你想不想听啊？"

"嗯。想啊……这里还有咖啡吗？"

"还有的吧，看看这个壶里有没有。所以你想不想听我的点子啊？"

"我觉得……好吧，到底是什么鬼东西。"

"如果，我们不用 A 流程，去建立一个新系统。这个新系统里顾客就可以自己处理投诉，你觉得怎么样？"

"（哈欠）嗯……我吧……你知道的，点子还要契合预算。"

"那你喜不喜欢我的点子？"

"应该吧，我还要想想。顺便说一句，我们的咖啡喝完了。"

这个小场景里的对话没有明显的"不"或者"你的点子有点蠢，浪费时间"这样的字眼，没有直接的批判，也没有说这个点子是没有价值的。其实，要是你不懂社交礼仪，可能还会觉得这段对话是表示了支持。聆听者做出了几条保证，给了个含糊不清的肯定答案，甚至还做出承诺会去想想这个点子。但除非你理解人和公司的运作模式，否则你是无法体会。

如果你曾在公司里工作过，或者和某家公司有过合作，你可以说出好多这样的小插曲。我刚才的描述虽然并没有逐字逐句地重现原对话，但场景却是货真价实的，而且这样的场景我不只在一家公司见到过。你也知道，一个人要是说自己的点子是让人不适、还烂大街的话，随后大家就会什么话都说不出来了，一片寂静。基本上，创意就是这样死去的，不是因批判致死，也不是受到恶毒攻击。创意常在寂静中死去，因为不被人爱，不受照料，形单影只，被人忽略而死去。而我们都是同谋。

假设你是斯芬克斯

没人想听到自己是一家企业的创意敌人这样的说法。与之相反，这样的说法可能会惹毛他们。就拿我曾经合作过的一位电信公司的首席运营官来说吧，他是那种高度冷漠的人。他以沉默寡言出名，在听新产品或新流程推广的时候常常一副冷漠的样子，几乎不会有压抑反应。这样一来，只有公司里最勇敢的人才敢向他推广自己的创意。面谈时，人们说到他就跟说到神话中的物种刻耳柏洛斯①（Cerberus）一般，碰上了基本就逃不了了。在会议上，我也注意到了人们进来的时候脚步轻快，为即将表达新概念而感到欣喜，可是一旦知道那位首席运营官会出席后就脸色苍白，瞬间泄了气。

在离职谈话的时候，我和这位首席运营官坐下来谈了谈，把这个问题

---

① 希腊神话中的地狱看门犬，负责守卫地狱大门和阻止亡灵离开。

提了出来。我说根据我的面谈与观察，他的举止（更确切地说是肢体语言的呈现方式与不做反应）投射出了对创意的消极意见，阻碍了公司的创新。他听了很不开心，其实是很生气。他说与其在这里控诉他，还不如让公司里的人专注做好自己的创意。他说听到好创意，他无比乐意给予支持。他还特别强调，自己从不批判第一次听到的创意。

有趣的是，在最后一点上，他是对的。他是从来不去批判，而且对他来说，这就意味着他从来就没有阻碍过一个创意。他没注意到的是，不做反应也是反应的一种。公司里的人对他这样主动谋杀创意的行为也没什么反应，好像事情并没有那么严重。可事实上，人们对他的零参与度是有反应的。他的确是听了人们的想法，但是就跟个斯芬克斯[①]（Sphinx）似的——我没记错的话，有一位与我面谈的员工是这么形容他的。他一直打哈欠，就算不打哈欠也不为所动，不苟言笑，又毫无反应。我把这告诉了他，并向他指出像这样的微举动其实跟直接说"不"是一样的。他火冒三丈了，并自信地说："但是我从来都没有毫无反应！"

我们中很少有人能了解我们自己的微举动，不知道这件小事是可以影响到我们身边的人的。就算是结婚多年的人也不会注意伴侣会如何解读自己小小的斜视，在近一个世纪里，许多夫妻都是因为这个原因才找了婚姻咨询。有时候，我们每个人都会采取一些举动，向周遭表示自己的不感兴趣，表示自己的置身事外。其中原因多样，我们之后会回到这些原因上来，但是在这里，有一件重要的事情值得注意，我们每个人都坐在会议室

---

① 希腊人把斯芬克斯想象成一个会扼人致死的怪物。

里，看起来无聊至极又毫无兴趣。我们可能并不是刻意这么做，但是在某些时候，我们都成了斯芬克斯。

有意思的是，这冷漠严肃的表情，这小小的微举动，产生的影响远比故意这么做的人所带来的影响要大得多。这和其他微举动一起，都在为对创意和创造力冷漠的社会环境添砖加瓦，还功不可没。

破窗理论

什么东西会让社区衰退呢？为什么有的社区蒸蒸日上，有的社区却一直杂乱无章？为什么有的公司本来是想好好发展的，最后却沦落到死气沉沉的境地，就跟恐龙被困在了沥青坑里一样？我们在回答问题之前常常会先在两件事上找原因：要么是一个坏蛋，因为其个人造成了如今的局面；要么是一场大危机。如果是找坏蛋的话，我们都非常乐意把过错推给总裁、陪审团主席或市长，斩钉截铁地宣称他们就是问题的根源所在。如果是找大危机的话，我们会去找一些类似毒品、工厂倒闭、傲慢的技术专家等能明显表明某一个特定的因素就是衰退的原因。没人会去怪窗户本身就是坏的，但是有的人会，他们的想法不无道理。

在犯罪学里，破窗理论这个术语广为人知。1982年的时候，《大西洋月刊》（ *The Atlantic* ）刊登了一篇题为《破窗：警察与社区安全》（ *Broken Windows: The Police and Neighborhood Safety* ）的文章。社会科学家詹姆斯·Q. 威尔逊（James Q.Wilson）和乔治·L. 凯琳（George L. Kelling）认为，社会的无序其实与许多细微的变化有很大的关系，这种关系比我们之前所想的要大得多。他们引用了菲利普·津巴多（Philip Zimbardo）的研究成果，认为就算是表现出一点点接受不良行为的微小信号也能改变社区的样貌。他们对津巴多实验的总结值得详细引用。

> 菲利普·津巴多是斯坦福大学的心理学教授。1969年，他发表了一些破窗理论的实验测试。他把一辆没有牌照的汽车停放在纽约布朗克斯（该区相对比较杂乱）的街道上，还把顶棚打开了，又把一辆差不多的汽车停放在加州帕洛阿尔托地区（中产阶级社区）。结果停在布朗克斯的那辆车10分钟内就因为"被遗弃"而被人"故意破坏"了。第一批到来的是一家人——父亲、母亲和年轻的儿子。他们把散热器和蓄电池给拆走了。在24小时内，几乎车上所有值钱的东西都被拆走了。之后就是随意的破坏了——窗户被砸，部件七零八落，坐垫套也被扯掉了。孩子们开始把汽车作为玩耍的地方。那些蓄意破坏的成年人穿得都像模像样，显然就是整洁体面的白人。而停在帕洛阿尔托的那辆车超过一个星期都没人去碰它。之后，津巴多一锤子敲碎了汽车的车窗。很快，路人也都加入了进来。不出几个小时，这辆车就被翻了个底朝天，遭到了彻彻底底的破坏。这次，"蓄意破坏的人"似乎还是正派体面的白人。

这个故事的核心并不是布朗克斯是个坏地方，而帕洛阿尔托是个好地方。一开始放在布朗克斯的那辆车那么设计就是为了告诉人们"这辆车没人管了",没有牌照就让这一点暴露无遗了。而停在帕洛阿尔托那辆车在津巴多"破窗"的瞬间,其实也向周遭发出了信号:你想怎么折腾就怎么折腾。威尔逊和凯琳由此出发,结合了自己进行的街道与社区实验,推断出一丁点"无所谓"的信号也会产生极大的影响。这个结论后来成为零容忍政策。

这对公司来说就是明摆着的教训。的确,每家公司都会说自己看重创造与革新。不管在哪里,都不会有公司说自己是厌恶新创意的。大部分公司在创新倡议和各种各样的项目上花了大把的钱,想创造和捕捉创意,但是没注意到的是公司存在的破窗户太多了。

创意大赛如何毁掉创新文化

几年前,我和一家大型化工企业合作。这家公司虽然不是巴斯夫①(BASF),也不是产业的五大巨头公司,但也是一家大型的全球性企业,在自己领域的知名度还是很高的。可不幸的是,公司领域是散装化学品,利润很低,受全球化影响极大。简而言之,这家公司命悬一线却仍有利可图,但利润也不多了。执行团队意识到了这个挑战,也知道他们需要加强创新能力,关注全新的、不同凡响的创意。我和他们一起工作了一段时间,想查清问题,但我同时也感受到了他们其实厌恶做一些奇特新鲜的事,这也削减了他们口中的热情。在某个流程里,执行团队头脑风暴了一

---

① 世界几大化工厂之一。

番，觉得办一个公司内部的创意大赛和他们新的创新战略非常相符。我知道要办好这样的大赛是很难的，所以我之前就警告过执行团队，让他们不要这么做。我也觉得，人们对比赛的关注度可能会盖过更为重要的参与度。可是执行团队非常坚决，所以我就只能尽力帮他们设计出有较大影响力的比赛了。

一开始，此次大赛看起来办得非常成功，一个创意要形成文件并有所进展，要求是十分严格的，大赛最后也产生了700多个创意。这个结果是不错的。大多数创意都是经过深思熟虑的，可行性也高。执行团队得把创意数量淘汰至6个，然后这6个创意在年底的总决赛上予以展示。

总决赛的前几周，我参观了这家公司的欧洲办公室。我那时非常碰巧地在电梯里遇见了一个男人，这个男人我在之前一些场合也遇到过。我们聊了起来。他问我在这家公司做什么，我说我在做一些创意大赛的相关工作。然后他就说："啊，对噢，那个大赛，我从那个大赛还学到了很多东西呢。"我很高兴听到这样的话，就问他学到了什么东西。他答道："我学到永远不要再和这家公司分享创意！"他这个对创意大赛的反应有些不寻常，有点吓到我，我就问他为什么，于是他跟我讲了他的故事。

一开始他对创意大赛感到激动万分，他是个经验丰富的化学工程师，其实有几个创意是他一直在反复思考的。很快他就写出了2个创意的简要报告。这么快就完成了，他自己都兴奋不已。然后他又花了几个晚上加几个周末的时间来完善起初的那2个想法，又多写了3个创意，最后一共交了5个创意。他说他其实不觉得自己的哪个想法会被淘汰，因为公司招了许多年轻职工，那些有雄心壮志的人是没有经验的。后来他说，问题不是他的创意被淘汰了（确实被淘汰了），而是他意识到交流方式存在问题。有一天，他在电脑上收到一封邮件，标题是"创意大赛成绩"。他打开了这封邮件，完整地读了，这里我们完整地引用一下这封邮件："非常感谢您参加创意大赛。我们收到了许多优秀的创意，但是只能从中选取部分参加决赛。很遗憾，您的作品并不在决赛名单之列。"

就这么几句话，没有反馈，没有署名，什么都没有。听到这里我表示了震惊，我对这封邮件的精简感到失望，对邮件最后连署名都没有感到害怕。但他又说了："这还不是问题所在。我们的公司文化是技术文化，那种花里胡哨的东西我们不追求。没选上就没选上呗，我也不要什么署名！我可以看到这封邮件的发件人。"这时候我就完全一头雾水了，就问他之后出现的问题是什么。"我收到不止1封邮件，我收到了5封邮件，内容都差不多。那个时候我就觉得他们其实根本不在意我，我的创意对他们来说，只是excel表格里的5行数据而已。"

创新文化就这么死去了。正如T. S. 艾略特[①]（T. S. Eliot）在《空心人》（*The Hollow Men*）中所说："并非一声巨响，而是一阵呜咽。"

指出这个案例中真正的问题所在是十分重要的。显然，虽然讲述人是公司的老员工，也只是一家之言，但这个故事生动地展示了衰退是如何到来，并开始蚕食创新文化的。公司先让人激动一番，随后又让人希望破灭，取得的结果也与初衷南辕北辙，至少在这一个案例中是这样的。想想看，要是案例讲的不只是1个人，而是5个人。然后希望破灭使得他们对

[①] 英国诗人、剧作家和文学批评家，诗歌现代派运动领袖，代表作品有《荒原》《四个四重奏》。

公司不再那么尊重，然后每个人又多让5个人希望破灭——2个人变成25人，25人变成125人，125人变成625人，625人变成3125人，3125人变成15625人……再想想，这并不是从现在才开始的，几年前就已经开始了，还在你自己的公司。

用破窗方式来理解创新文化，即假定创新并不是那种可以通过研讨会或某个倡议就能塞进公司文化里的东西。与之相反，我们需要用更宏观的方式来理解创新文化。创新文化需要持久的呵护。像创新疲劳症或用哈欠杀死创意这样的事时不时就会出现，甚至还不可避免。

创新文化需要持久的呵护。

在我们上面所举的例子里，并不是说谁打算侮辱一下我电梯里遇见的那个男人。相反，执行团队是打算提升士气、加强创新的。但他们忘记考虑枝末节的事了。为创意大赛建的excel表格基本上是派给低层的行政员工做的，执行团队在统计创意的时候估计也从来没考虑过沟通与反馈。发邮件的那个人估计就老老实实按上司交代的那样给每位参赛者发邮件，想都不会去想发的东西是不是都差不多。

现代企业中的创意常常是伤痕累累地死去，创意文化也是这样。可麻烦的是，我们有时候连伤口在哪都看不到。

创意大赛的故事到这里还没有结束。我最后去了总决赛的现场，总决赛是在东欧一座宏伟的城堡里举行的。宴会厅金碧辉煌，铺着酒红色丝绒地毯。公司的上层领导都聚集在此，聆听筛选出来的6个创意。简单的自助午餐后，演出就要开始了。宴会厅中有一个舞台，创意就在上面展示。就跟公司其他活动一样，人们的座位排成了直排。照安排，和大多数创意大赛一样，总裁（总裁通常被认为不应该做评委，但也会坐在观众席中）除外的执行团队坐成扁平半圆形状，这样就可以直接正对辐状的发言台了。我在前排，坐在评委席右边，挨着总裁。

第一个展示的是个身材短小但衣冠楚楚的男人。他讲的创意和一位来自顶级咨询公司的初级合伙人的创意有着惊人的相似度。他的西装无可挑剔，领带是窄版的，演讲华而不实，但是非常自信。他的展示很专业，一直在和评委对话，还邀请他们点评，其他的就什么都没有了。而执行团队那时候正舒舒服服地坐着，听是在听，除此之外身上一块肌肉都没挪动过。他们就坐着，大多数都以一种封闭又不屑的姿势坐着，看起来跟一群水牛没什么区别，只是瞪着眼睛看着那个年轻人。年轻人继续演讲，但就没有那么自信了，笑容也少了。趋于尾声，他仍在勇敢地笑，最后用句"有什么问题吗？"结束了演讲。没有问题，评委一个问题都没有问。之后他快速地说了声"谢谢"，就逃下了台。

第二个展示的是一个年轻女人。和第一位决赛选手比起来，她穿得不时髦，展示得也不专业，幻灯片版面明显就是业余水平。她在台上的时候喜悦之情溢于言表，但没展现出多少专业性来。她的演讲富有激情，也和评委有公开互动，想骗到一个评委微笑或者是类似微笑的东西。可是什么反应都没有，评委什么反应都没有。她继续勇敢地硬着头皮展示。趋于尾声的时候，她也邀请评委提问了，评委还是一句话都没有。

到了这个时候，我有点焦虑不安了，用手肘推了推总裁，生气地对他低声说："你倒是做点什么呀！"他不知所以然："你说什么？"我又再说了一遍，说他应该做点什么，还说道："你不是问我创新是怎么在公司里没落的吗？哎呀，现在你就在目睹这个过程！"原本是公司创意的盛会，这么快就分崩离析了，人们在椅子上尴尬地动来动去。总裁听了我的话，说："那我又能怎么办呢？"还耸了耸肩。这个时候的我已经怒不可遏了，我提醒他，他是这家公司的总裁，他完全有权力做一些事，比如纠正自己的执行团队，或者在这场闹剧变得更尴尬之前予以终止。

这时候，第三位展示者已经上了台，但是评审席却出现了一点变动，全场观众都可以注意到这个变动：一个执行团队的成员已经在打盹了，还发出轻微的鼾声。现在回想起来，我觉得这个鼾声有点像打破窗户的声音。

小哈欠和深呼吸

这些故事都体现了现代公司中的两个错综复杂的现象。其一，故事都讲述了创意常死于缺少关爱与参与，而不是他人主动的批评。其二，这些故事都想传达这么一个道理——只有想要公司变得更有创新力的想法是不够的。你可能已经在创意项目上花了大笔的钱，但是沟通的执行团队却从根本上缺少对创意的关爱。这样只会适得其反，让公司的创新力还不如以前。只是贴几张动员海报，开几个研讨会，公司成员面对创意还是打着无聊的哈欠，没有任何参与度。就像破窗一样，这样想创建一个对创意友好的文化，是不可能的。

我们在这里看到的创新其实就是引言部分讲的那种肤浅创新。这几个例子里的创新都只是随便说说，那些为新创意投入的资金也是盲目的。这几个例子也表现出人们从根本上对创新文化的深刻本质缺乏理解。这些公司不缺创意，我之前就说过没有哪家公司是缺创意的。相反，那家化工企业的创意多得都要溢出来了，也有人愿意花几个晚上和几个周末来开发创意。据我在多次会议上对那个斯芬克斯式运营官的短暂观察，除去不屑一顾的举止，他还是会提不少问题的。在100多家公司里，我看到过很多类似的例子，只不过程度不同、方式不同。那些设定自己缺少创意的公司不是真的缺少创意，缺的东西其实在其他方面——关爱、参与、支持性的公司文化和互惠。可现实却一直都是大同小异的：先提出创意，再被人忽略；而创新文化长此以往，先枯萎，再死去。我研究了100多家公司创新成功与失败的例子，得出了这个主要教训：**创新的头等大事不是创意，而是支持性文化。**

我们在下一章会对这句话进行详细说明，现在我们只需要明确，这种文化不是看你重复了多少遍肤浅创新的老话，而是看公司文化是不是能够体现出对创意的关爱，是不是能够让团队成员参与其中，就算这个创意看起来奇奇怪怪，一开始甚至还会觉得荒唐可笑。这里的深度创新其实也就是指深度支持，是一种能够注意到破窗的文化，确保创意不被一个哈欠随意打发。要创建这种文化，我们得先往里看。

我们自身的强敌

我在公司里上创意和创造力课程的时候，常会通过强调一个问题来开场：在讲创造力的时候，你们认为自己的能力是什么？很不幸，我听到过一些创意顾问的答案，他们回答了一大堆的东西，几乎每个人100%都会讲创意对他们的工作来说是很重要的。可是不管你问高级研究员还是数据录入员，这个答案都是没错的。事实上，我注意到人们在回答这样问题的时候，越认为自己的工作在他人看来没有创造力，就越渴望给出肯定的回答。顾问常常是第一个举手回答问题的人，但是他们的回答本身一点创意都没有。我们每个人都希望自己被视为高产员工，希望他人能用赞赏的目光看我们，所以要我们每个人都承认自己或自己的工作一点创造力都没有的话，是不大可能的。

你再问他们是不是觉得自己的创造力尤为突出，得到的答案也是很有趣的，分歧出现了。只有相当少的人会马上就说自己的创造力很突出，而根据我的经验，这些人中大部分所做的工作在同行看来都不是创新，甚至会遭到指摘。而同样的，也只有相当少的人会说自己的创造力没有尤为突出。然后呢，又有同行会来提出异议。我有一次甚至还目睹过为一个人的创造力所爆发的争执：有一个女人贬低了自己的能力，可是有人气势汹汹地坚持说她"是这里最有创造力的人"。影响这种自我评价与他人评价的因素有很多，但是从中可以观察到关键的一点，人们不大会说自己的创新力在创新力等级里处于某个极端。

大多数公司中最典型的模式在社会科学领域是广为人知的。这模式和著名的二八定律（80/20 split）有些相似，人们在分析较大数据集的时候常会用到这个定律。这个定律[有时候也叫帕累托法则（Pareto Principle）还能衍生出许多拇指规则①，比如我们常常认为20%的顾客能带来80%的销量，20%的员工会带来80%的投诉，等等。在研究可感知能力时，二八定律又有了新的解读版本，而我们公司在感知的时候却会评价过高。比如，虽然用数学方法算不出来，但80%的司机认为他们比普通司机好。同样的，80%的人认为他们比普通人好看。放到创新力上，也是一样的情况：80%的人认为他们比普通人更具创造力，一点点也算。这其实也再一次证明了我们天生渴望用适度积极的目光来看待我们自己。

我们笃定在看到创新的时候自己是可以识别的。

然而，不去看人们到底有没有创造力，换个问题、换个视角来看，事情又会变得有意思。我和一些公司在创造能力和创新文化的几个大项目上有过合作。项目刚开始的时候，我都会先用试探性采访和问卷的形式来确定公司或单位的运作方式。之后我就会经常问问题了(有时候问题会重复，以测试可信度)，问的问题是：在各自领域或从宏观角度来看，人们的创意识别能力如何。换句话说，不是问他们到底能不能产生创意，而是问他们在遇到创意的时候，能不能识别出来。得到的结果是令人震惊的。我把问题设置成只能用是否回答的时候，比如"如果有人在我的领域提出创意

---

① 经济决策者在处理信息时往往只考虑重要信息，而忽略掉其他信息。

的话，我是可以识别创意的"，正面回答常常可以高达98%。可要是我在问卷上用李克特量表[①]（Likert scale）的话，大概有90%的人会选最积极的两个答案。这两个案例的结果都很特别。这两个案例和人们早已熟知的创造力研究都表明，我们有时候会对自己的创造魔力感到害羞与不确定，**但是在看到创新的时候又笃定我们是可以识别的。**

那问题究竟是什么呢？这其实也不算是问题，跟问题还差得远呢。应该在某个领域有所建树的人在第一次遇到创意的时候却无法识别，其实在创新史里，这样的例子比比皆是。扬米·穆恩（Youngme Moon）在讨喜的《哈佛最受欢迎的营销课》（*Different: Escaping the Competitive Herd*）一书中有过详细讲述：对创新方法最典型的反应就是不理解。她还把谷歌主页作为例子进行了详细说明。谷歌主页刚启用的时候，寻常搜索网页是一堆链接、体育比分、天气情况，什么东西能放进去就会放进去。可是谷歌主页很简单，就只有一个标志、一个搜索框和两个按键，实在是太与众不同了。穆恩说，一开始人们觉得页面打开方式不对，最普遍的反应是重新再加载一次！这个例子暴露了我们对待创意时，如果反应不是嘲笑或者彻底敌对的话，往往都会持怀疑态度。

我们眼中的笑意

我在阐述这一观点的时候，不管我的听众是在哪个产业工作，我都会

---

① 该量表由一组陈述组成，每一陈述有"非常同意""同意""不一定""不同意""非常不同意"五种回答，分别记为5、4、3、2、1。

让他们联想一下自己所在的产业，然后再问他们几个问题（可以说是最重要的问题了）。我问他们，服务在他们的产业里重不重要，他们同意地点了点头。我问他们想不想做出顾客想要的产品或服务，他们说"想"，脸上还常常有点小疑惑，因为问题看起来有点白痴。我问他们是不是以精心照顾顾客为目标，他们又同意地点了点头。

我跟他们说，现在想象一下，市场上又来了一家新企业。这家企业有每家企业都有的科技，只是使用方式不同。这家公司宣称服务是留给弱者的，该公司志不在服务，而是会折磨那些需要服务的顾客。公司还希望成为人类历史上第一家最不以顾客为中心的公司，对了，这家公司发誓永远都不会给顾客想要的东西，还要把那些天差地别的东西给他们。而这家公司这么做的时候其实是想取得巨大的成功。

这时候，听众往往都会开始发笑。这听起来太白痴了，这明显就不可能是创意啊。没有人可以用这样的方式取得成功！我告诉他们，这不只是个测试，这其实是一个成功商业案例的描述，这时候有的听众看起来就真的慌乱不安了。有的读者可能已经知道我刚才讲的是什么，我讲的明显就是瑞安航空公司（Ryanair），或者更准确地说，是指瑞安航空20世纪90年代初的服务革新。这家航空公司只提供基本服务，尽可能将服务最小化，如果你想在飞机上得到一个纸袋，费用高得很。这个商业模式的基础是最大限度地减少成本，想尽一些方法增加盈利。这家公司之前还公然提出登机后厕所要付费使用，为那些想在飞行中减少不必要开支而放弃座位的乘客添加"站位"。

我在讲这个例子的时候，不该解读成我在批判瑞安航空，事实恰恰相反，我会用这个例子来说明一个产业是如何错过在过去看来是明摆着的机会。瑞安航空一开始宣布改革的时候，整个航空产业不是暗自偷笑就是公然嘲笑。人们大概会这么想：每个人都知道这样的商业模式是不可能成功的，这种模式毫无创造力。可是我们再回过头来看，一定就会发现低成本航空公司革新了市场，有大量的顾客为低票价愿意接受最低限度的服务，就算机场和目的地离得很远也没关系。

这也表明，在创新产业，瑞安航空基本上是不会作为范例来讲的。不是因为瑞安航空没用创新方法，它用了创新方法，也不是因为迈克尔·奥利里①（Michael O'Leary）没有创造力，他有创造力，而是因为瑞安航空并没有达到肤浅创新文化的审美理想。看起来不像是创新，因此许多创新专家就决定忽略它。其实就跟我的听众一样，听到服务和以顾客为中心这样的说法确信地点头，却因折磨顾客的商业模式而发笑。他们都只因为创意不符合预设概念而选择忽略其可能性。

我结束了我的小故事，说大航空公司并没有意识到低成本航线的影响力竟然会如此巨大。嘲笑那些大航空公司是很容易的，虽然我们可能不愿意承认，但是我们其实和那些大航空公司差不多。我们在觉得该点头的时候点头，要是有什么事和我们觉得该点头的事产生了冲突，又会哈哈大笑。如果航空产业的瑞安航空式创意已经出现在这里了呢？如果这个创意已经在公司里公开发表过了呢？如果你就是创意专家，并已经把创意杀死了呢？

---

① 瑞安航空公司的首席执行官。

专业知识的诅咒

纵观创新史，人类辨别创意的能力是非常糟糕的。大多创意和技术一开始都是被人嘲笑的。比如说苹果手机和互联网，在今天是创新产业的标杆，可一开始都被专家严厉批评。在有潜力的创意有机会证明自己之前又有多少是被扼杀的呢？这个数据难以估算。从宏观来看，政府和企业面临革命性科技转变的时候，往往都是紧赶慢赶。在这个过程中，我们就可以看到创意的死亡。从微观来看，就比如说我们之前讲的创新大赛，创意也在其中死去。我们都觉得自己相当擅长辨别创意，但其实我们一点都不擅长。这样一来，创新就死了。听起来可能有点古怪，我们越擅长什么事情，积累的专业知识越多，得到的结果经常就会越差。

纵观创新史，人类辨别创意的能力是非常糟糕的。

就拿优步（Uber）来说吧。2017年，外界传闻众多，其中有一条便是优步的工作文化有害，新任执行总裁达拉·科斯罗萨西（Dara Khosrowshahi）在DealBook大会上首次公开接受采访。在采访中，他承认公司的确是存在一些问题，但已经找出了问题的根源所在——获胜。这多少让人有点吃惊。他说公司极快的增长速度和取得的巨大成功都孕育了一种文化。在这种文化里有人觉得不良行为就跟战利品一样，是可以接受的。他又继续说优步在发展的同时，"文化并没有相应地进行必要扩展"。有人可能会说这个回答也太简单了吧，但是这其中是有道理的。公司文化的发展速度不一定就会跟上公司的发展速度，成功也容易滋生傲慢。

在一个全是专家（比如对某地区历史有着全面了解的人）的文化里，这样的事情发生频率会越来越高，尤其是讲到新点子和创新方法的时候。人们过去在某个领域有所成就，成为专家，这也意味着要想取得那样的成就，他们就成了投资对象。专家吸引专家，这种投资就成了文化的一部分，禀赋得到了保护。心理学家阿莫斯·特沃斯基（Amos Tversky）和丹尼尔·卡内曼（Daniel Kahneman）在研究禀赋效应时，有一项著名实验。结果表明，人们都会高估已拥有物品的价值，聚集在一起的专家也会高估新创意。

这个实验结果很有启发性，Somersby苹果汽酒也是一个例子。嘉士伯（Carlsberg）是世界上最大的酿酒集团之一，其顶级生产线之一便是Somersby苹果汽酒。拓展非啤酒饮品业务这个主意刚提出时，在公司内部或明或暗都受到了抵制。公司的多数要员和啤酒酿造渊源颇深，不少人自己就是酿酒师傅（并发自内心感到骄傲）。他们明着暗着都说做这么一款"少女"饮料完全没有任何意义，并对目标市场的规模表示深深的担忧。根据我采访的那个人描述，反对的人太多了，人们觉得最后给试点工程拨的那些钱其实就是让Somersby拥护者闭嘴而已，因为大家都认为实验会失败。然而，实验却成功了。事实上，Somersby一跃成为嘉士伯史上最成功的产品之一，这让公司感到震惊。

在这个案例里，要嘲笑那些看不到创意价值的酿酒师傅，说他们目光短浅是很容易的，这也很可能会成为反面教材。可是，我们应该意识到我们也是有着类似偏见的，这种偏见基于我们自身的经验与专业。不要再问

自己怎么样才能创建一个能抵抗经验偏见的公司了，我们可以不再主动地
去扼杀创意，而是积极地培育创意。

创新剧院之外

你可能会觉得所有企业对发展都是感兴趣的，可是真的要创新时，许
多企业就只是在演戏而已。史蒂夫·布兰克（Steve Blank）是创业的行
家，是精益创业法之父，他就曾经用 **"创新剧院"** 这个词语来描述大
型公司因企图获得声望而仿效创业法所采取的方法。这样的方案形式多
样，但都会涉及建立一个小型实体来代表公司里的创新精神。布兰克称之
为"剧院"，这个说法充满了嘲讽，因为这种项目到最后差不多就是公共
关系上的实践了。实践者手里基本上是没有资源和权力的，所以无法取得
成功。真正做决定的权力和关键资源通常掌握在公司传统且"安全"的成
员手里。同时，创新实践也许还是一出好戏，但做出的改变微乎其微。

布兰克用这个词语来专门斥责大公司玩创业游戏的行为，其实这个词
语也可以被广泛地用到批评创新倡议上。总的来说，那些创新倡议更多关
注的是炫耀某个倡议是"做了创新的"，而不是真正的变化。最后什么东
西都和装腔作势挂上了钩。不管是去参加创新讲习班、研讨会、比赛，还
是什么类似的东西，你都很可能碰上大同小异的舞台设定和台词。

那我们该如何抗争呢？简单说，我们需要用三步法：**认识问题所在，建造支持体系，深处开始发展。**

我们会在下一章对此进行研究。我们会研究为什么领导需要农民思维，为什么没礼貌可能就标志着创新中大问题的出现，为什么没有慷慨就没有创造力。

Innovation for the Fatigued

How to Build a Culture of Deep Creativity

03

尊重、互惠、责任与深思

从底层开始用匠心打造创新文化

Innovation
for
the Fatigued

好创意和真创新是需要互动、矛盾、争论
与讨论的。

——玛格丽特·赫弗南

为何创新需要农民思维

英文单词"culture"（文化）来源于拉丁语"cultus"，意为照料、培育与敬奉。"culture"作为一个单词，还和法语"colere"有联系，"colere"意为"耕种"。总而言之，文化这个概念起源于和种植、丰收、照料土地与农业相关的观念。当然，我这么说不等于狩猎采集者就没有自己的文化了（他们有），我只是想说文化和关爱、培育一些东西有着深层次的联系。对社区有重要意义的建筑物，或者说在教育与培育孩子过程中起重大作用的建筑物，都会受到社区的照顾，从中我们便可以看到这种深层次的作用。拥有文化也就是拥有地基，在上面可以造建筑物，而周围的社区也要保护、照料地基上的建筑物。虽然这可能听起来是不言自明的，甚至还有点无关紧要，但我想说文化是一种需要耕种、照料的东西。

因此，在讲到创新文化的时候，我们若不去注意照料与培育文化，这是匪夷所思的。常常都是这样，就算一种文化确立了，讲的也都是敢于冒险、要有实验精神之类的东西。就算照料这一点在文化中有涉及，但也在像"不要惩罚失败"这样的大标题下面。在讲创新的时候经常会关注"特立独行"与"研发重地"这样的东西，这让我们越来越觉得创新是一件很特殊、只有少数精英才能做的事。而实际上，公司对创新文化的多加关注，常常都会转而对成功的创新项目感兴趣。放到农业里来说，就像一匹获奖的种马变成了唯一重要的事，而不去关注耕种本身。这是一个道理。

可是，每个农民都知道，农民不去关注耕种简直是脑子有问题。你要想有个好农场的话，你得照料土壤、喂养鸡群（不只喂公鸡）。最重要的是，当农场一切都处于最稚嫩的状态时，你得特别留心。一个农民如果对刚发芽的作物不加关爱，对刚出生的小猪不予照料，那么他很快就要失业了。

再回到创新。我们在之前的章节里已经知道了创新在刚萌芽的时候是如何死去的。一家公司若不能对萌芽阶段的创新加以关爱，其文化也就不会成为创新文化。原因很简单，这家公司是不会给予足够的培育与支持的。就跟你不能把种子种到石头般坚硬的土壤里一样，土壤也得耕过才行。不管创意死活的公司文化，即使有再多创新剧院，也无济于事。其实，建设深度创新文化是从一件非常简单的事情出发的：**心理安全**。

顺便说一句，我爱你

对人类来说，感到安全是最基本的渴望之一，这种安全受到威胁后的反应也是与生俱来的。对我们大多数人来说，我们感到不安全的时候，常常会有"战或逃"或者心率加快这样的反应。我们生来就知道，在我们每个人的生活中感受到心理安全是一件多么重要的事。这个对大多数人来说是不证自明的（至少也要想到后才会这么觉得），可是我们专业生涯里所写的众多文字却一直在忽略这一点，创意文字中更甚。这看起来让人很纳闷。

人们普遍认为让"心理安全"这个词语和工作场合产生联系是艾米·埃德蒙森（Amy Edmonson）的功劳。她引入这个概念来描述工作团队积极的状态：团队里每个人都觉得自己可以说出自己的创意与看法，毫不惧怕责难与鄙视。或者我们也可以用她1999年写的文章里一个更为生硬的说法，"团队成员普遍认为在团队里的人际关系上冒险是安全的"。简单来说，当人们觉得自己不需要为指出问题、提出想法而感到害怕，团队就会更好地运作。这看起来可能很明显，但是每个在缺乏培育度的公司工作过的人都证实，我们常常达不到那样的状态。

谷歌曾针对内部高效团队的工作展开过一项大型调查，这项调查的规模堪称最大，名为亚里士多德计划（Project Aristotle），其采用了埃德蒙森的提示，发现心理安全这一因素的影响力比她一开始所说的要大得多。事实上，谷歌研究人员对公司内部团队进行深入研究之后，得出结论：心理安全可能是高效团队最重要的指标。与此同时，成员之间的友谊与重权在握的领导对预测一个团队高效与否的作用很小，几乎没有，而心理安全和高效有着千丝万缕的联系。

亚里士多德计划对构成心理安全的要素进行了深入了解，还强调了两个相互联系的过程。一是高效团队有很高的社会敏感度，即团队中的成员非常善于捕捉团队里其他人的情绪信号，这就让心理安全得到了提升。第二个过程可能更为有趣，研究发现心理安全至少可以由话语权的平均分配来大致衡量。这也就意味着，成员或多或少可以平等交流的团队的表现要优于讨论只由几个人占主导的团队。亚里士多德计划作为心理安全的一个逻辑延伸，同时也给了我们对自己企业心理安全进行快速判断的一种方法。在下次开会时你只需要观察一下，是不是每个人都参与到会议中去了，是不是每个人都会听他人的发言？

这些观察是不受工作小组的工作界限所限制的，可以在文化层面得到解决，对公司的创新能力也有重大影响。现在指出这点是非常重要的。

安全感、创新与企业文化

不管是团队还是公司的心理安全感对建设创意的支持体系来说都是至关重要的。心理安全基本上是不会在创新的书中被提及的。我们从上一章得知，公司虽然声称自己重点关注创新，但是与此同时却也成为削减或消除安全感的举动或微举动的温床。同样的，没完没了的创新研讨会带来的疲劳感和对肤浅创新书籍的呼唤都会在公司里创建出一种模式，在这种模式里，人们参与到创新中的可能性更小。为了建设更有深度的新型创新文化，我们需要找到能重燃人们参与创新的渴望，肯定他们内心对创新的心理安全模式。更简单地说，也就是在人们讨论时，包括在需要对肤浅创新提出批评的时候，我们要让人们觉得有安全感，觉得自己是受到支持的。

> 不管是团队还是公司的心理安全感对建设创意的
> 支持体系来说都是至关重要的。

但是关于心理安全感还有一点值得说明：领会和喜欢心理安全感是轻而易举的，可是要做到就困难重重了。在人们已经习惯了哈欠与轻视的文化里，哪天来了个新创意，这个文化也不会自动就仅仅因为管理层说了"心理安全很重要"，就变成可以培育创意的文化了。相反，这样的说法很有可能就给人们灌输这么一种文化理念：创新言论是肤浅的，还极易被人忽视。

其实，之前我在一家德国企业的时候，这家企业就长期与肤浅和炫耀式创新做斗争。这家公司的执行总裁潜意识里意识到这个问题的存在已经有一段时间了。我在公司的某次活动上做完主旨演讲后，他兴致勃勃。我也有一点受到了其他主旨演讲人的激励，发表了长篇演讲，抨击了肤浅创新。随后这位总裁也上了台，加入了我，他说我刚才所说完完全全就是他对公司现状的看法。我之后才知道他还针对肤浅创新采取了有点极端的措施。那次活动过后的一周里，他出台了一项政策，规定在内部交流中禁止使用"创新"这个词。虽然在对外的市场营销和数据报告中这个词仍然得以自由使用，但是总裁下令，公司内部禁止使用，口头、笔头都禁止。对大部分人来说，这可能听起来很极端，可是它的结果却很有意思。一开始人们都觉得这个规定是开玩笑的，可之后却改变了公司里对新项目和新投资的谈论模式，还有员工报告说，参与新项目和新投资讨论的人数有了明显变化。似乎言语上的变化至少抑制了一点管理上的散漫无章，也给了之前被排除在讨论之外的人一个机会，让他们能加入新项目的讨论当中。

为心理安全建设一个支持体系，其最终目标是创新。因此，这不仅仅只是说明新价值观和新创新管理流程的问题，创新还需要很多人的参与，虽然有时候为保证公司的所有认知盈余都能参与其中，方式听起来会很奇怪（就像我之前说的那个）。在下一节，我们会进一步深入探讨这么做所需要的条件。

创新文化的部分特征

创新文化所面临的挑战不是浅显易懂，而是人们很容易就对它不予理会。公司文化研究人员一直都认为，最重大的挑战就是公司无意识中对世界持有的假设与其在实践过程中践行的价值观。一家企业很可能会自称重视独立性和冒险精神，可是潜意识中又坚信减轻风险的重要性，其价值观还强调共识，在金融行业工作过的人就可以证实我的话。

在创新中，这有数种表现形式。我们现在讲的主要内容就是在创新产业的肤浅配方之外，寻找支持性创新文化的要素。总结一下，想在公司建设创新文化，有这么几个要素的出现频率最高：

1. 公司内外部对创意持开放态度；

2. 实验自由与学习型文化；

3. 风险承受力与失败包容度；

4. 培养人才与发展创意的流程；

5. 资源可用与建立度量标准。

虽然以上几个方面都很重要，但是基于许多前提之上，比如公司成员在发表自己想法时需要有适当的基本心理安全感，成员能够参与创新的文化氛围也意义非凡。解决流程和度量标准这些问题需要的是创意与人都受到尊重的环境。

深度创新文化中的四个R

在我的研究里，有几个主题是一再出现的。一个主题是公司受肤浅创新蛊惑的趋势与创新产业的产品；另一个主题是人们认为不管在哪家公司工作，那家公司目前都是在与缺少好创意做斗争，可是事实却常常不是如此。然而，就我们本章的目的而言，另一组观察更为重要。到底是什么让各公司的创新文化出现了如此大的差别？是什么又让有的公司在创新上可以更加深入？在尝试探索的过程中，我发现之前出现频率高的那几个要素并不起作用。大多数公司都想对新创意持开放态度，想包容失败，想鼓励实验，可是只有部分公司成功了，几乎很少有公司真的成功成为变革的动力。值得一提的是，那些成功实现变革的公司在做法上存在许多共同点。

我研究这些问题10多年了，把要素缩减到相互影响的四个，或者说缩减为限制创新文化的四个价值观。所有深度创新文化内这些要素的影响程度不尽相同。不是说一家公司得项项擅长，也不是说缺少其中任何一项就说明这家公司的创新文化是明显存在问题的。这四个因素或者说价值观，相互关联，又相互独立：

1. 尊重（respect）；
2. 互惠（reciprocity）；
3. 责任（responsibility）；
4. 深思（reflection）。

其中每一项都会让心理安全这个前提得到深化，并反过来让公司对创新文化的关注度得到增加。这四个因素一同构成一个整体，让一家秩序井然的公司里的员工都能得到基本的心理安全，让创新以更加深入、更有意义的方式融入公司文化成为可能。一旦公司文化到达了这种水平，公司就可以从此成长起来，也不大可能会和创新剧院有什么联系了，也不会受创新疲劳症所困，或消极地抹杀创意。时间一长，只要人们继续以这四个价值观工作，就会有越来越多的认知盈余得到捕捉，公司对内在想象力和创造力的利用能力也会得到提升。现在我要一个因素接一个因素进行讲解，先说明，这四个因素势必有相互重叠和影响的部分。

尊重（respect）：创新的基石

如果要用一个词语来概括健康创新文化的基础，那这个词语便是尊重。这个词听起来温和又模糊，可能用在人力资源或其他各式实践的思考上会更合适。这是种危险的谬误。在之前的内容里我们看到缺少尊重是如何让一个人发誓再也不分享创意的了，这还不是一个孤立的事件。在我发现创新文化有问题的那些公司里，有80%公司里的员工明着暗着都表示，他们觉得自己的创意或输出没有得到应有的尊重，这就直接导致了创新疲劳症。克里斯汀·波拉斯（Christine Porath）在全球进行了一项涉及20000多人的调查，发现尊重是员工最希望领导拥有的行为，同时越来越多的人称自己在工作场所不被尊重。

虽然我们本能地就理解尊重这个概念，但这也并不意味着界定这个概念就很容易。尊重可以简单地描述为对待他人或与他人沟通时考虑他人感受的行为。尊重可以是含蓄的，比如在会议上聆听他人发言；尊重也可以是明显的，比如用可见的方式称赞员工。更重要的是，尊重就跟信任一样，其存在与否很容易就能被感知。我们尤为善于发现尊重的缺失，想想你老板不管你对某个项目投入多少，拒绝承认你参加了此项目，或者说在致谢的时候你的名字根本就不在名单里（这两种情况我在调查中都碰到过，不管是碰到了哪种情况，人们都会感到不受尊重，从而意志消沉）。这也就部分说明了基本的尊重是我们人类的交往方式，即社会契约的一部分。注意到尊重的缺乏其实也就注意到社会规则被违反了，所以我们的反应会特别强烈。

然而，尊重并不只是人的问题，也是我们过去常常会思考、讨论的问题，尤其是在创新领域，创意到底是被尊重以待还是被无礼以待是相当重要的。要是事先就让人们不要分享，你就抓不到多少公司内部的认知盈余。在一家人们互相不尊重的公司里，你无法创造意义。

● 领导指南：嵌入尊重

所以，要怎样才能创造一个充满尊重的文化呢？领导（注意我这里讲的就只是领导，而不是每个想要在公司做出有意义改变的人）要怎样才能让尊重成为公司文化价值观的一部分呢？首先，你得知道这不是一夜之间就能完成的。尊重这种文化价值观的建立要花费很长时间，甚至几年。换言之，这种文化转型需要警觉与耐心。第二，领导开始的时候需要找寻可以在公司内嵌入尊重文化的行为。在我对创新文化进行的调查里，有四种行为在实现尊重的嵌入时至关重要。现在让我们一条一条来看。

尊重这种文化价值观的建立要花费很长时间，甚至几年。

以身作则。除非一家公司的领导，包括最顶层的领导，也准备欣然接受尊重，否则这家公司是不会接受尊重文化的。不管是和员工、顾客还是合作商谈论创意，领导需要展现出他们对待创意的严肃态度，并准备融入创意之中。有时候问一个后续问题是挺简单的，平时可能还需要设立探索计划。不管是哪种情况，领导要是希望他人也能展示出尊重的话，自己在一开始的时候就需要这么做了。

包容异议。尊重并不是只有宽以待人，我们也该允许人们能够说出反对意见，并为这些反对意见创建容身之所。心理安全就是从这个步骤开始的，但是这也得等文化适应后才会发生：虽然与会人员意见不一，但是尊重却深深植根，人们的讨论也是基于尊重之上的。文化里若同时存在异议与尊重，即对其他想法持容忍与礼貌的态度，在尊重这方面也会变得越来越好。

奖励善意。虽然尊重与礼貌看起来就是纯粹的良好行为，但经常只有等到缺了才会被注意到。为了回转这样的局面，对工作伙伴及其想法表示善意这样的事情，领导是应该予以激励的。花点时间问几个关于他人创意的后续问题，这在部分人看来可能就是浪费时间，尤其是还没有清晰的文化信号表明这不是在浪费时间的时候。一个想要发展创新文化的领导不应该只考虑拥有创意的人，还要考虑培育并发展拥有创意的人。

思考小事。尊重并不是一件孤立的事。我们之前说过，一个不合时宜的哈欠就能轻易扼杀创意。如果一个领导真的想精心培育尊重文化，那就需要关注小事，关注微举动是如何支持或破坏人们的心理安全和滋养型环境的。想想使用的词汇，想想肢体语言，想想实际看来无足轻重的变化。创新的建成不只靠宏大创意，还要靠微小又充满敬意的对待模式。

● 尊重创意

关于公司里的创造力和创新，人们有一件事做错了：人们会把尊重与平淡混为一谈。试想一下以下例子（此例子是基于我和一家制药巨头公司合作时记下的笔记发展出来的）：在项目会议上，有两个人都提议要开发一款诊断工具。第一个提议的人我们叫她萨曼莎好了，她得到的反馈是友好的微笑与一个后续问题。第二个推广想法的是彼得，他得到的是不止一次的皱眉，还有几个问题，其中有两个问题相当具有批判性。现在，你觉得哪个想法是受到了更多尊重呢？

你可以认为萨曼莎的想法更受欢迎，但这就是人们对创意是如何在公司中发挥作用的误解。许多女性可能都会本能地知道发生了什么。萨曼莎的想法受到了一点点的尊重，虽然她讲话的时候人们都默不做声，但是人们传达出来的信号就是很乐意让她讲述想法，但并不是因为想法本身才让人们有这种反应的。而彼得的想法虽然遇到了很多阻力，但是他的想法和萨曼莎的相比，才是真正受到了尊重。虽然萨曼莎的想法收到了笑容，但是彼得的想法才是真正被严肃对待的。的确，彼得收到了许多批判性的问题，但是我们不该将批判与不尊重混为一谈。事实上，在讲创意的时候，批判往往才是尊重的标志。人们其实对彼得的想法感兴趣（人们展现出来的是皱眉，而不是寡淡的笑容），还立马就参与了其中。就算是批判性的问题也是对这个想法有帮助的，因为这些问题能让彼得进一步发展和精进这个想法。彼得的想法最终胜出，成为一个正式的发展项目，而萨曼莎的想法却没有。这在意料之中。

在深度创新文化里，我们可以发现，若是有了尊重，往往都会事半功倍。文化中需要最基本的尊重，这种尊重能够滋养心理安全，让人们觉得他们提出想法并不会受到责难与羞辱。这就是深度创新文化的基础。除此之外，公司还需要尊重、参与想法的文化。

● 批评是门艺术

之前我们说过，许多公司因为没有提供创意友好型环境而在创新上苦苦挣扎。这种友好型环境的一部分就是心理安全，另一部分是给出建设性批评的文化。要是我们去看看几个具有创造力公司的著名案例，有一点是显而易见的，那就是这些公司都非常善于持续性地批判自己的工作。我们也都听说过乔布斯就是个主要批评者，一直强行让自己的员工做得更好。如今，杰夫·贝佐斯[①]（Jeff Bezos）的故事也十分相似。皮克斯动画工作室在电影的方方面面都会提出追根究底又无穷无尽的问题，并以此闻名。若是有谁曾在顶尖的广告公司工作过，就会知道询问式的批判氛围是如何造就这一切的。在我合作过的一些创意公司里，公司所具有的批评能力常常让我印象深刻，我在下一个故事里就会进行阐述。

在从业早期，我曾有机会和一家英国机构合作，我做的工作被称为

---

① 亚马逊集团董事会主席兼CEO。

"旁观工作① (shadowing)"。第一天，我坐在一小群人中间，他们将对一个项目创意进行会议讨论，而且一周后这个项目创意就要向客户展示了。有个男人有点突然地就走了进来，会议就这么开始了。这个男人当着大家的面把初步方案文件甩在桌上，之后就开始细讲他对这份文件的看法。他的看法不是很乐观，还很悲观。他完完全全抨击了这个创意，骂人方式还别出心裁，说项目里写出这份方案的负责人就是个傻子，他还不带一个脏字地反驳了那些批评意见。随后这场会议就变成了尖叫比赛。一个半小时激烈的争辩后，我几乎都可以肯定双方要出拳了，战斗人员却安静了下来。这时候两人都站在一块白板边上，好似同时得到了什么指示，突然露出了大大的笑容，收拾收拾东西后，就走出了会议室，还愉快地交谈着。这时候我懵了。团队里一位年轻员工转过来告诉我说："是的，你要是不习惯的话是会觉得有点奇怪。看到了吧，他们其实是好朋友。这就是他们工作的方式：对另一方的想法来一通猛烈批评，然后双方就可以相互进步了。"

这样无拘无束地提出和采纳批评的方式可能很少见，但是对大部分公司来说，建设性批评能够带来技能上的提升。这里的核心是我们知道介入他人想法也是尊重的一种表示，表示你已经听过那个人提出的想法了，已经对他的想法有了足够多的关注与思考，也已经准备好与提出想法的人进行一番讨论。人们经常说爱的反面不是恨，而是漠不关心。这也是为什么一对情侣可以闹得天翻地覆，但感情还是很好。然而，公司就常常会掉入

---

① 这是一种在不主动参与工作、也不采访员工的基础上，观察公司内部进程的手段。

漠不关心的陷阱里，在自己的批评技能上花的精力还不够多。

为了提高公司的批评技能，领导可以考虑以下三件事：

第一，领导需要确保每个提出的想法都至少要收到一些反馈与问题。建设性批评这个技能就跟其他技能一样，只有坚持努力，才会有进步。一家公司在确保每个人都至少能得到礼貌性回应的政策实施之后，才能确保人们不会在这个过程中感到不受尊重。

第二，领导需要规定所有批评都应有所限度。像"那永远也行不通"这样一味谴责的话在没有严肃说清楚为什么之前，永远都不该被允许。这就让人们对自己的批评有了更多的思考，可以让整个对话转向辩论，而不是绝对判断。

第三，人们都应该被赋予做出回应的权利。当然，你的创意可能遭到狠批，但至少你也有了为之辩论的机会。看起来可能很奇怪，一般来说，只要拥有反驳批评意见的机会，人们会更乐于接受自己的创意最终没有通过的结果。在肤浅创新文化中，这样的例子是非常少见的。

深度创新文化以沟通与建设性批评为傲，确保创意会得到尊重以及持续、批评的讨论。这种文化的建立者明白一个漠不关心的哈欠往往比一堆批评意见更具杀伤力。

● 礼仪的力量

对工作场所的批评来说，最大的问题就是批评要想有效，就必须言之有物且彬彬有礼，可是常常就是哪样都没有。我已经提到过克里斯汀·波拉斯（Christine Porath）在这个问题上的研究了。总而言之，我推荐她的《职场礼仪2.0》（*Mastering Civility: A Manifesto for the Workplace*），她在书中称缺少礼仪不管是对现代公司的生产力还是健康发展来说都有破坏性影响。在她的民意调查中，有半数人都称自己经常不被老板以礼相待。这描绘了如今凄凉黯淡的工作环境。

与此同时，这其实给公司指出了一个简单又直接的方法，可以改善公司文化，从而提升创新能力。领导可以不在复杂的咨询项目上投入上百万元的经费，而开始考虑人们在沟通交往过程中如何能重建礼仪。我之前和一家北欧公司有过合作。那家公司的员工离职率很高，而且工作成果所体现的创造力有限，解决这两个问题很艰难。新任执行总裁被寄予厚望，希望他能带来彻底的转变。让很多人都意想不到的是，这位总裁反倒在公司里开始了一场大范围的"聆听参观"，他去了许多公司的直销店及其中央办公室。每一站他都会有意识地对员工表示尊重，并仔细询问员工的工作日情况。每一次参观后，他都会送上自己亲笔写的感谢信，还会确保自己会和几位在参观过程中遇到的员工保持邮件联系。我采访他的时候，他直言不讳，说自己这样不只是希望能够为员工所喜爱，还希望树立起新榜样。他意识到公司有转向的趋势，也想让公司职员能对公司有自豪感。他通过自己谦恭有礼的行为在公司中树立了一种新标准，而结果让他感到特别骄傲：包括车间工人在内的员工有什么新创意和改进意见，都会直接给他发邮件。

在公司中，不管对象是不是公司中的"重要"（或者说"创新"）成员，我们都对他们表示尊重，并以礼相待，我们就能保证无礼的行为会越来越少，就可以开始重建创新文化了。通过这种做法，我们加强了人们的心理安全，开始"修复窗户"，而不是让破窗成为常态。但这也不能保证所有好创意都能受到认可，要抓住更多公司内部的认知盈余还是有很长的路要走的。谁也说不准，也许萨曼莎还有一次机会呢？

　　要点：没有对创意的尊重，没有对人的尊重，创意也就不会得到发展，人也就不会参与其中。

互惠（reciprocity）：为何要给予与索取

　　定义深度创新文化的第二要素就是**互惠**。简单来说，深度创新文化里有一种固有的认识：你只有提供创新所需的支持，才能要求人们创新。或者用更简单的话来说，有给才有得。可是我合作过的那么多公司里，这似乎不言自明的智慧却是人们常常忽略的，至少高级管理层是这样。举个例子，我有段时间和一家大型金融机构合作，合作内容涉及数个国家的业务。这家公司刚宣布了重大创新驱动战略，并表示将在公司内外部可能的渠道获取发展创新的数字化解决方案。这则消息传达给了公司员工，还明确指出，每个人在创新项目中的参与度与奖金的联系很紧密。从很多方面来看，这个倡议写的就跟教科书式的创新战略差不多：用几行抨击式话语就想调动外部参与者和激励创新。然而，事态并没有如管理层预期那般迅猛发展，有几个管理人员还提到他们明显感受到公司员工对新战略的抵制。

　　等级由高往低，我采访了几个人，很快就明白了为什么会出现这种情况。的确，人们知道了这个通知，知道他们要把"重点放在创新上"，也知道他们的奖金取决于在这个重点上的表现。然而，对他们来说还有一点也很明确，那就是虽然有激励，但是却没有多少附加支持。我采访的人里面没有一个说自己的创新活动是有资金支持的，连时间分配都不给。恰恰相反，人们还诉苦，工作量没有变，该交的报告也都还要交，一刻都不得歇息，创新看起来就是希望他们在空的时候才要做的事。人们看到了要求，但是丝毫不见额外补给。

很多公司都有这样的故事。然而，有创新文化的公司采取的方式就截然不同了。虽然这么指出来也很没必要，但是创新文化能够理解让创新发生的核心要义。**核心要义是如果你需要更多的创新，就要为人们提供创新所需的支持。**创新书籍里关于3M公司15%规则①的陈词滥调几乎找不到更加经典的了，但同时这个规则里也是有东西可以学的。3M公司坚持要求员工创新，同时也会予以回报。谷歌也是这样，员工可以自由拿出20%的时间用于个人喜好的计划项目，并且再三强调这一规定，确保这些时间不被其他事务占据。

> **核心要义是如果你想要更多的创新，**
> **就要为人们提供创新所需的支持。**

其实，很多公司都采取了之前的那个金融机构的策略，这种要求人们创新的策略过于苛求了。那我们要怎样才能摆脱它呢？

---

① 员工可以自由拿出15%的工作时间，用于研究性项目。

● 领导指南：嵌入互惠

在文化基础上建立互惠要比实行尊重与礼仪容易一点，但这并没有让互惠这个过程变得不重要，而且领导也要确保互惠在公司文化中扮演的中心价值观越来越重要。由此，我们可以这么做——

强制反馈。领导必须保证公司有一种创意不会因为无人互动而死去的文化。公司内无小创意，也无不重要的创意，每个创意都应该得到反馈。在微观层面上，会议中的每个提议都应该得到一些问题与评论，即使是公司最底层的员工给出的建议也必须认真对待。创新文化需要保证每个创意都得到反馈。如果只有几个创意能收到反馈，那么这种文化往往就是肤浅的创新文化了。

提拔给予者。太多公司一开始提拔的人都是接受创意的执行者，也就是那些勇争第一的积极进取者。领导要想创建一个互惠文化，就需要找出公司里的给予者，找出公司里一直准备对创意发表看法或给予支持的人。在高管人员中给予者越多，建立尊敬与深思的文化就越简单。

提出要求并提供支持。在公司里，若只是要求越来越多的创新，创新是不会有进展的。公司创新中主要问题的源头一般不是人们不知道需要创新，而是员工没有得到足够的实验或构思支持。领导若想建设一个愈加强健的创新文化，就该保证提出要求的同时也提供了相应的支持，不管是专项时间、物资还是鼓励上的支持都可以。

惩罚冷漠。给出这个建议我可能就惹上麻烦了，因为"惩罚"这个词在管理思维中不是很受欢迎。可不管怎样，我就是在这里给出这个建议，因为我打心里认为要想在企业中建立互惠，在碰到与之背道而驰的做法时，就应该有强力的反向激励措施。深度创新文化需要保证根除冷漠，既不给出反馈也不表示支持的得过且过的行为要拒之门外。有的时候，这也就意味着在会议上指出冷漠行为、取消冷漠的人获得升迁或奖金的资格。

● 当一味要求招致失败主义之时

一味要求招致失败主义，也就是说，有的领导者从始至终都没能意识到只索取不给予会带来的问题。很久以前，那时候的日子还很平静，你只需要做好你的工作就好了。而如今，领导都敦促员工要成为既高效又有持续学习精神，当然还要有创造力的人。最后一项要求是可以理解的，可是一旦滥用，反作用是巨大的。因为对创新的要求有点特殊，这个要求永远都得不到完全满足。虽然我们知道高效的合理界限在哪，可是创新是没有这种界限的，尤其是在创新产业的高谈阔论里。在这个产业里，我们一直会碰到一些专家，骄傲地宣称提高10%已经不够了，还激动地谈论10倍心态，告诫员工要思考出让东西优化10倍的方法来。那我们为什么就只止步于10倍呢？优化100倍不考虑一下吗？1000倍呢？！

看起来这个要求是不过脑子的，但是我还碰到过更糟糕的。我在一场钢铁会议上发表了主旨演讲，一位固定设备与零件制造商的执行总裁也参加了那场会议，随后联系了我，说在他的研发单位确确实实发现了我提到的文化问题。他跟我描述道：有一群工程师非常善于探索解决问题的方案，被赋予创造公司的未来，可是却彻底失败了。他邀请我担任他们的顾问，我接了这份工作，在我观察了公司工程师的工作，还采访了几个团队成员之后，根本就没觉得像执行总裁认为的那样一塌糊涂。为了对事情有进一步了解，我组织了一场总裁与工程师之间的谈心会。这个会议开始得并不顺利。

总裁坚持要第一个发言，上来就大骂了一番，骂工程师团队没做出重大创新来，骂他们的思维没有变革性。说实话，他的语言很侮辱人，还说那个团队根本不符合公司宗旨，毫无成效。我感受到了房间内情绪的变化，也发现了他长篇大论中没有提及的内容，我打断了他。我温和地谢过了总裁，感谢他说出了自己的心里话，但我同时也指出了他刚才所讲的东西都只是团队**没有**做的事情，但团队还是做了一些有积极意义的事的，而总裁的言论中没有提到这些，他也没说什么样的结果才是他可以接受的。这时他有点语无伦次，之后又说道："好吧，我在这个团队的成果里就没看到一个脸书级别的创意！"

脸书花了将近3年的时间，让企业估值达到了150亿美元。在10年不到的时间里，脸书的市值就达到了1800亿美元，随后的市值更是大幅增长。这些数据是相当令人钦佩的，可在引导工程师创造出更好的管道配件的过程中，这些数据的引导作用……是有限的。我把这跟总裁讲了，说他创新战略中遇到的挑战更多是源于不合实际的期望，而不是工程师团队里没有人才。他对我的说法嗤之以鼻，可是突然间，研发部门的人员就受到了激励，一个个站起来开始说他们就是不知道他们要做出什么样的东西来，并由此感到失望与焦虑。有几个人还指出他们觉得部门里有一种失败主义文化，因为他们知道自己永远都达不到领导的不合理要求。这时候，看得出来，总裁震惊了，他从来都没想过自己含糊不清的要求居然才是问题所在。

● 与创新压力做斗争

众所周知，压力在现代工作文化中最具危害。就单看美国，像旷工与生产力降低这样的因素，企业在上面估计要花费3000多亿美元。少量至中等程度的压力有助于生产力的提高，可是长期承受中等程度的压力会对人们的工作与健康产生负面影响，持续性承受高程度压力就什么事情都可能会发生了：创意削减到真正的死亡都有可能发生（比如日本的karoshi——过劳死）。压力作为一种折磨，其根源的最佳描述方式应该是对人的要求与人所拥有的达到这种要求所需的资源（比如说时间、科技或其他支持）的不匹配。我们如果有很多事要做，时间又不够，就会感到压力。

有趣的是，关于**创新压力**的文字却很少。除了罗宾·考恩（Robin Cowan）等人在2011年5月写的文章外，在创新书籍中你可能把书看穿了也找不到相关文字。在现代企业中，这种折磨随处可见。创新，就其本质来说，有风险，相当不稳定，资源需求也难以预测。同时，创意回报的分配也很不均匀。比如说，有的创意项目的回报是天价，而大多数项目的回报只是杯水车薪而已。因此，总有人对某位员工或某个部门抱有极大期望，可是这个员工或部门却感觉创新所需的资源，他们手里一点都没有。

肤浅创新文化再加上创新剧院，情况就愈加恶化了。人们觉得他们要完成不可能的任务，所以时间就常常花在假装创新上，而不是认真地搞创新。在这种情况里，只要一提到创新，员工可能就会产生应激反应，并受制于此。而深度创新就避免了这种情况的出现，深度创新的战略里提出的要求与赋予的权利相平衡，提供的资源置于首要的中心位置。比如说我们可以看看美国科氏工业集团（Koch Industries），这是家相当成功的美国工业集团，其内部开发费用审核过程轻松快速，饱受赞誉，就算是几千万美元的单子一通电话也就同意了。这就让公司的运作效率高于竞争者，因为省去了烦琐的合规性审核程序。在这样的公司文化里，根深蒂固的创新压力至少是得到减轻的（尽管还有其他因素会对整体情况产生影响）。

● 把慷慨作为一种创新策略

心理学家亚当·格兰特（Adam Grant）因其畅销书《沃顿商学院最受欢迎的思维课》（*Give and Take: Why Helping Others Drives Our Success*）而举世闻名。在这本书中，他向人们展示了慷慨其实并不是件吃力不讨好的事，反而是件讨人喜欢的事，尤其在工作场所做一个慷慨又善良的人能为我们的成功打下基础。其中的原因有很多。一部分原因是慷慨的行为会带来积极的影响，另一部分原因是这种行为能为他人提供资源，因而让你有了回报。在商业中，"双赢"这个词语可能最不受人待见，但也最好地体现了将慷慨作为一种策略所带来的结果。

放到文化层面上说，注重互惠的文化也会关注双赢。这些文化知道创意若要得到发展与成长，是需要反馈的（这也是互惠的一种形式），也理解若要让行为变得有意义，提供不同程度的资源其实是必要的。换句话说，不管是反馈还是时间分配，公司文化里给予的越多，创新文化就会变得越深入。若尊重牢牢抓住了心理安全，人们感到内心安全，觉得自己是受重视的，互惠就会从中生长出来。大家都齐心协力地工作，创意就会日渐迸发出来，参与度也会开始增长。

比如说 Netlight 咨询公司，在竞争如此激烈的信息技术和管理咨询领域也能快速占有一席之地。这家公司就以奖励文化与超高利润闻名，其创新水平与项目执行方式也饱受赞誉。再看看该公司内部的文化[1]，我们可以发现互惠就是其公司文化的核心。这家公司强调合作，公司的价值观也相当注重给予支持。公司认为，每个人的创意都有权得到诚实又有建设性的反馈，值得受到支持的项目也有权得到资源。重要的资源决议根据公司文化是全体成员共同决定的，在讲到跟创新有关的问题时，管理层的意见也可以被推翻。这家公司盈利额极高，在玻璃门评分网[2]（Glassdoor-reviews）上评价也很好，还被认为是全国最具吸引力的工作场所之一。

要点：不管是从行为还是提供资源方面来看，没有互惠，公司文化也就不能让创意转变为创新。

责任（responsibility）：深度创新文化鼓励直言不讳，也敢于展现不足

在本书的引言里，我提到了我之前曾为一家美国大企业开过讲习班，我还在讲习班里讲过一堂废话创新课。我设计那个小插曲是为了指出创新言论是如何变得如此肤浅，最后变得毫无意义。但是在我和高管交谈的时

---

[1] 为了展现事情的全貌，我应该指出推动这家公司成长的执行总裁埃里克·林格茨（Erik Ringertz）之前是我的学生。

[2] 员工可以在该网站上匿名对公司进行评价。

候，我狠心使了个小计谋，于是另一方面的问题又冒了出来。我们开始谈论提问的重要性，有东西听不懂了就要表示出来。然后这些高管就表示，他们常常觉得员工随随便便就接受了事物。我说问题并不只是在肤浅创新的言论上，也在公司内员工对自己创新讨论中担任角色的不负**责任**上。

许多创新栽在了肤浅创新文化里，其核心原因是人们已经开始接受不参与了，甚至连价值观缺失都能接受了。我们看到创意死于被动与无反应时，其实我们看到的是这么一种文化：人们都觉得创新（或者说参与创新）不是他们的责任所在。新创意呈现出来的时候，他们可能会表现出基本的礼仪，但是不参与创新的发展其内心一点也不会感到愧疚。人们常常都把这看作员工的性格缺陷，管理层尤其会这么认为。我就经常听到执行总裁会拿"抗拒变化"和"顽固不化"来形容员工，但执行总裁也不会真正去思考原因，这也是问题。

我们之前说过，经验和专业能让我们变得保守。我们一旦在某家公司或某块领域有了自己的地位后，就会倾向于捍卫自己的地位，其中也包括捍卫地位不受创新攻击。许多人都想做侵扰者，几乎没有人会想被侵扰，这也是创新剧院与创新书籍的市场会如此广阔的原因所在。创新剧院和创新书籍不会真的威胁人们的地位，它们会提供一些平淡无味也无实际价值的东西，让你觉得自己是参与了创新，可是你实际上却是在逃避创新的责任。

● **领导指南：嵌入责任**

每家公司都会倾向于宣称公司里的每个人都已经在承担责任了，为任务、为同事、为公司而承担责任。然而，只有在人们承担起创新责任、承担起创新文化责任、承担起创新中应该担当的角色时，深度创新文化才有可能被建立起来。为了把创新建设成日常生活的一部分，而不是茶余饭后的谈资，领导必须保证做到以下几点：

废话就是废话。每家公司都有一点空洞的创新言论。就算会引起不适，领导也要准备好对这些言论进行打击。如果领导不打算问一些关于肤浅创新的尖锐问题，也就别指望公司里的其他人能这么做。做出负责的表率，才能培养责任。

尊重不确定性与疑虑。若人们表现出了疑虑，或者觉得公司里的创新话语是不切实际、很难达成的，这样的想法需要被严肃对待。公司不该惩罚持疑虑态度的人，而应该与他们建立密切联系。若人们表露自己，觉得不是很确定自己在创新文化中的位置，看看做什么事能让他们感到自在，同时也该考虑不应该强制所有人都参与创新游戏。

平衡阴阳。责任不只是支持明显的事物。领导要想建立深度创新文化，就需要把目光延伸到常规创新之外，并承担起更大的责任。若公司里的每个人都在考虑现有顾客，那领导就需要有考虑未来顾客的责任感。若每个人都关注新意，那领导就需要提醒大家执行也是很重要的。

展现不安全感。除非领导打算在讲创新的时候坦露他们自己内心的不安全感，否则公司成员是不会诚实地谈论不安全感的。通过明显表现出对某个新科技不是很理解，或者表示不知道什么才是"破坏"，领导可以让创新文化变得更为诚实，从而实现深度创新。

● 讲实话，讲出来

在重视责任的创新文化里，每个人和创新产生联系的方式并不是一成不变的，有的人的想法可能截然相反。之前听过我达达主义式创新课程的经理都觉得自己在承担责任：他们会记笔记，专心听讲，全力以赴，但唯一的问题是这种责任概念是有缺陷的，他们只是在敷衍了事而已。真正的责任是举手，说自己听不懂，展现出自己的弱点。这就是为什么我们在创新文化中常常需要找到自己的痛点。

我曾经和一家丹麦大科技公司有过合作。这家公司的执行团队比寻常公司都要关注创新，在自身领域相当成功，同时非常依赖数个核心科技。我与这个团队有较长时间的接触，我给经理们开过几次讲习班，但注意到虽然每个人都很"负责"地参加，但是还有很多人看起来是一副漫不经心的样子。我觉得这个现象值得探索，所以我就开始提很多针对性问题，对象是一位较为年长的先生，他在讲习班里看起来特别不友好。在一天的课程里，我一直在向他施压（因为我觉得团队里需要有情感宣泄），他也变得越来越恼怒。最后一次施压，他爆发了。他说我们现在做的事情就只是讲讲空话而已。他越讲越愤怒，愤怒的方式也很丹麦——满脸通红。最后，他大声喊出他讨厌那些他不得不去关注的创新言论，他就想安安分分做自己的工作，这些"白痴游戏"能不能放过他。他平静下来后，我憋住不笑，问多少人同意他的情感爆发，超过1/3的人举起了手。

以此为背景，我们重新设计了公司的创新活动，经理们可以选择是否参与。这就让工作小组的规模小了很多。但有趣的是，这并没有让创新的关注度受到削弱，反而增加了！因为经理和员工都觉得他们有退出的权利，而那些选择留下的人就更加充满能量，选择退出的人很可能转而对创新项目提供支持。有人问我为什么要这么做，我说让他们退出直接的创新工作后，他们仍会觉得支持在坚持创新的人是他们的责任所在。创新不再是强制管理层做的事了，而创新项目中就会有越来越多自发参与的员工。我之后仍在跟踪这个项目，总裁告诉我有几个起先退出的人后来又回来了，其中还包括那个说要罢工的恼怒先生。他们现在觉得加入与否只是一种选择而已，在创新中承担责任也变得容易多了。

● 脆弱与创新

在讲到责任的时候，深度创新文化的特征就凸显出来了。因为深度创新文化对员工创新上的矛盾情绪（有时候这种情绪是潜意识的）是敏感的，并能够予以克服。没有人想被看作是反创新的，但也正是这导致了我们如此轻易地就陷入了肤浅创新思维。没有人妨碍到自己的地位，但也正是这让我们在不明白一些事的时候却不肯开口问，或者说也正是这让我们不愿意关注与自己在公司内利益背道而驰的创意。好领导打算建设的责任文化是会包含脆弱和同情的。

多亏了布琳·布朗（Brené Brown），脆弱在商业思维中已经成为一个热题。在她的TED演讲（史上高观看率的演讲之一）和畅销书《活出感性：直面脆弱，拥抱不完美的自己》（*Daring Greatly: How the Courage to Be Vulnerable Transforms the Way We Live, Love, Parent, and Lead*）中，她提出展现脆弱的能力和接受不完美的能力并不会让员工、领导或企业变弱。相反，若我们对自身弱点坦诚，就可以鼓起勇气，开始尝试。

　　这也就是说，虽然创新书籍里也会偶尔进行失败与风险这些并不受欢迎的概念的说教，但是仍和展露自信与成功密切相关。其实，有自恋趋势或有一点以自我为中心的领导，在创新产业里是一贯会受到赞扬的。然而，我和许多成功的创新领导有过合作，他们在内部参与创新讨论的时候都是极其谦恭的。比如说我曾经有机会去科尼公司（Konecranes）观察他们的创新活动。科尼公司在佩卡·伦德玛克①（Pekka Lundmark）的领导下，成了全球起重机与起重设备的领导品牌。伦德玛克任执行总裁期间，公司取得了持续性发展，但也面临着挑战，这就让公司越来越关注创新，特别是到了如今的物联网∕工业 4.0 时代。

> 有自恋趋势或有一点以自我为中心的领导，
>
> 在创新产业里是一贯会受到赞扬的 。

　　伦德玛克为了创新，开展了一系列项目来重燃科尼的创新文化。他曾公开讲过公司犯下的大错，讲过公司还缺少什么，也表达过自己内心的不安定，表达过自己在看到某些结果时的自惭形秽，比如说在看到公司参加的行业黑客马拉松的比赛结果时。他也表示自己缺乏实现创新所需要的专业技术，也没有学习和理解的欲望。简单地说，他对自己的缺点很坦诚，

---

① 2005—2015 年任公司执行总裁。

也明确表示他就是想听到公司所有部门的创意，而不只是那些他觉得创新的人的想法。通过这种坦诚，他成功创立了一个人人响应又人人参与的公司，在创新方面的表现尤为明显。人们看到了总裁的开放性，总裁的开放性向他们传达了一个讯息：他们可以讲出自己的创意，讲出自己对事物的看法。对领导来说，他有坦露脆弱的责任，因为这也是创新文化的必要部分。尊重让人们感到安全，互惠支持创意，有责任感的文化让人们在创意和创新的对话中变得更坦诚。

> **要点：不管是通过直接行动还是完全坦诚来承担责任，深度创新文化都予以重视。**

深思（reflection）

我们之前提到的那三个深度创新文化要素要是没有第四个要素，都将无法嵌入公司文化，而第四个也是最变化无常的要素就是**深思**。肤浅创新的思维在没有受到挑战，观众一味跟着点头的时候，是可以安然无恙的。这就是创新剧院对我们影响如此巨大的原因所在，也是平庸的创新顾问成功营业的原因所在。创新疲劳症已经成为流行病，在思考创新的意义上，我们也就越来越不熟练。那我们该如何比较不同形式的创新，人们开始表现出创新疲劳的症状时我们又该怎么做呢？深度创新文化不只是"创新"，还要持续挑战与质疑。如此一来，这种文化也就保证了公司一直在学习、在发展，不被卷入肤浅创新的游戏里。

深度创新文化不只是"创新",还要持续挑战与质疑。

有一个很好的例子,那就是安东尼·阿杜里斯(Andoni Aduriz)经营下的世界闻名的餐厅Mugaritz。Mugaritz是世界顶尖餐厅名单里的常驻餐厅,也是研究创新菜肴的地方。在这里,阿杜里斯可以探索新奇的烹饪技巧,探究高级烹饪的概念。几年前,我采访他的时候,他突然激情澎湃地讲起了"cocina insípida",也就是寡淡菜肴。实际上,他那时候在研制一套没味道的菜系,就算有味道,也就一点点味道,这样就可以把各种口感与品尝时的体验放在首位了。虽然这个想法听起来让人没什么胃口,但却很好地体现了阿杜里斯创新思维的深度。若没有对猜想进行再次评估,那创新又是什么呢?在共享经济出现之前,我们都认为你要是想跑出租,就必须要有辆车,要是想提供住宿,就必须要有房子;在流媒体出现之前,我们都认为做音乐生意的不过就是卖塑料(乙烯基或聚碳酸酯)碟片。阿杜里斯开始问能不能创造寡淡菜肴的时候,他是在遵循创新的核心流程。在这个过程中,我们会根据自己的现有知识与竞争力,对同一个想法提出各种极难的问题。

这看起来可能很简单,但却是最难的几件事之一了。之前我就说过,我们人类并不是以自我批评的能力而闻名的。若自我批评过头了,经常就会恶化为自我责罚、自我怀疑,成为负担症候群的一员。阿杜里斯做的事情能让你在对自己的想法或竞争力的质疑与从中获得进展的骄傲中间找到平衡点,这可能要花上一生的时间才能做到。试着把深思作为文化里的核心价值观,延长挑战想法的过程,跳出当下的个人竞争力,站在人际关系的角度看问题,事情也就没有那么复杂了。不过,一家公司若要保有可持续的创新文化的话，以上做法是必要的。这种可持续的创新文化能超越创新，也能迎来创新。

● 领导指南：嵌入深思

深思无止境。如果要在一家公司嵌入深思，其实也就是要让公司一直问问题，一直准备学习，不要害怕承认自己不懂的地方。领导对此可能会感到不适应，因为这就意味着领导也要接受质询。但是，我们若把深思深深植入文化中，就要打造出比个人领导更加强大的东西，而这种东西能一次又一次地不断创新。为了做到这点，领导需要思考如何做到——

赞美疑问与挑战。领导经常会试着去淡化公司面临的挑战。可若要精心培育深度创新文化，领导需要把公司面临的难题化为优势所在，奖励应该给那些在内部提出最刁钻问题的员工，而不是一切皆好的员工。领导还要表扬那些启发公司里其他人思考的员工。

激励怀疑自身聪明才智的行为。事实表明，批评自己或自己的缺点会让人感到不舒服。我们都希望别人能把我们作为团体里有价值的成员，所以员工是不大可能主动提出自我质疑的。有的人坦露了自己的不足，还探索为什么过去的知识现在却不再需要。对这类人，领导应该予以适当激励，这样他们才能继续往前创新。领导需要支持并培养这类发展行为，这样才能保证人们就算觉得自己不再胜任创新仍能畅所欲言。

常测试，常实验。一家公司若是没有可以深思的东西，那也就无法深思了。同时，若公司里的人认为创新不过就是利用在其他地方已经试验过的东西，那么这家公司永远都会在肤浅创新里止步不前。领导需要保证公司持续性地对新创意进行实验，并能接受实验的失败。单单通过展示一系列测试，包括失败的测试，这样的公司文化就能够帮助反映出为什么有的事情能取得成功，而有的却不能。

持续对话。深思永不停歇，这句话说得很对。 深思保证了我们不限于过时的想法、老派的工作方式与陈旧的视角，因为就算是尊重、互惠和责任也会有过时的一天。领导需要意识到深思是没有终点的，是没有终极形态的，这样才能培育出长期的创新文化。深思中有持续性的对话，这样每个新的创新点子其实也就意味着新问题、新挑战的开端。应该庆贺成功，但也只能庆贺一会儿。过去的成功需要受到现在的质疑，然后新的实验又要开始了。

● 敢于抛弃

看看那些多年成功保持创新的公司，看看已经完成了彻底改造并找到创新首路的公司，我们会发现，这些公司有一段时间是真的说不上有什么实际的创新竞争力。这些公司本身可能没有特别的竞争力，但是这些公司会对之前所理解的创新概念持批判态度。就拿IBM公司来说，作为一家蓝筹公司巨头，IBM在公司历史上还是经历了几次大转变的，更别提还见证或创造了许多重大创新。20世纪60年代早期，IBM公司转变成了一家只专注于信息技术的公司。这种转变在当时被认为是鲁莽的，毕竟很多人都觉得信息技术的流行只是一时。到了70年代，IBM公司推出了一大堆重大创新，包括关系数据库、语音识别和软盘。到80年代，IBM公司成功用它的品牌和科技在信息技术领域保持着重要地位，但同时也开始丧失优势。IBM公司依旧在创新，可是公司的规模与成本也就意味着它输给快速发展、思维敏捷的公司的概率会越来越大。以网络个人计算机为标志的计算机新时代到来了，IBM公司创造了很多定义时代的科技，但却未能完全抓住这些科技的价值。路易斯·郭士纳（Louis Gerstner）在1993年作为执行总裁加入IBM公司，他开始了彻底的质疑。他鼓励公司员工就算是公司最基本的东西也要进行质疑，从而开始了公司的革新。此次革新成为神话与传奇。

之前的数个重要部件经过缜密估算之后被卖了，这里面还包括被视为商业核心传奇的打印机与硬盘。之前从未想过的新型业务首次被列入考虑范围，并对此进行巨额投资。IBM公司渐渐成为一家服务型公司，为各公司提供跨品牌的解决方案。IBM公司虽然仍然在超级电脑和人工智能上保持优势，但是在步入新千年的时候卖掉了许多硬件设备。那创新在哪儿呢？其实答案不在于IBM公司以前做过什么，而在于现在不做什么。这家公司敢于审视自己的业务，审视自己的优势，并思考这些业务与优势是不是未来需要的，对以前是创新但未来不再是创新的项目停止继续投入。那有阻力吗？肯定有，但公司也开始去想一些之前没想过的事——减少IBM这家国际商业机器公司的硬件数量。

> 要在深度创新中进行富有成效的深思，
> 抛弃的能力是至关重要的 。

但在一种文化里教授或实行抛弃这种能力是相当困难的。父母和老师都会告诉我们要珍惜知识，所以我们在学到了知识后会想去保护这些知识。这样的趋势在公司里就更加明显了。我曾合作过的公司中，有一家公司的业务部门规模很大，该部门主要负责一种特殊的无线电技术。部门里的人对这种技术的复杂细节都烂熟于心，也已经掌握了优化的方法。那问题在哪呢？另一种不同的技术那时候正越来越流行，而这家公司的其他业务部门很看好这种新技术。这家公司的文化很开放，鼓励业务部门之间的竞争，却不鼓励合作。（这家公司笨到连最基础的互惠都不懂！）这就让我"所在"部门的员工感到无尽的焦虑。然而，值得注意的是，他们从来都觉得自己所了解的这门技术一定会笑到最后，而且深信不疑。他们开的创新会议关注的重点也是在已知技术的基础上，把其他技术当作敌人，再费尽心思勉强地想出几个发展创意。我告诉他们突破当前困境的方法之一就是考虑一下已知技术之外的可能性。有一个工程师看起来就很沮丧，脱口就说："啊，这样就算在市场存活下来又有什么意思呢？"

● 创新与情感灵敏力

我之前说过，在公司里经常杀死创意文化的不是不思考创新，而是什么都不做，只会重复陈词滥调。有人想通过祈祷带来创新（对着镜子，慢慢地念三遍乔布斯的名字……），但这种神奇的想法常常只会让人感到精疲力竭，更别提公司上下对这种行为的消极看法了。最后，公司常常就会弥漫着创新悲观主义。更糟糕的是，领导还常常会倒退到一种奇怪的否定主义，公司会禁止谈论这种悲观主义，却要求员工再次重复陈词滥调。

苏珊·大卫（Susan David）在她的著作《情绪灵敏力：哈佛心理

学家教你4步与情绪脱钩》(*Emotional Agility: Get Unstuck, Embrace Change and Thrive in Work and Life*) 中对处理复杂情绪进行了阐述，也讨论了强迫式乐观主义的危害与对自身消极情绪不诚实的愚蠢之处。她表示，其实最好的领导、最有生产力的人和那些已经成功平衡了生活与工作的人都已经找到了使用情绪灵敏力的方法。这个过程强调要正视你的情感或情绪状态，用分离的态度来分析这些情感及情绪状态。有的人也许会把这称为深思。

放在创新的语境里，这就意味着我们（同时作为个人及文化主体）需要学着理解自己面对创意时的情绪模式。若我们继续一再重复要求更多的创新，但结果却不如人意，我们不应该只是更频繁地做出要求。我们需要直面自己的恐惧，直面自己感到无法胜任的情绪，直面不断被要求创新的疲劳感，并思考为什么会有这些情绪。在文化层面上，我们需要让人们表达自己的创新疲劳感，因为这样不仅能够用语言形式表达对创新的负面情绪，而且可以开始抑制这种情绪。深度创新文化能够接受对创新的负面情绪，而不会去忽略这些情绪，人们也会把这种负面情绪放上台面，作为讨论并深思的主题。

深思作为一种文化价值观，让我们注意到我们与历史、个人竞争力、甚至自己的恐惧与不安全感之间存在的联系。在追求发展的文化中，深思是不可或缺的一部分，因为只有通过不断思考文化自身存在的问题，一家企业才能一直自我更新。

要点：深度创新文化赞扬抛弃，就算是创新的消极和痛苦方面也应予以深思。

用匠心打造创新文化

要打造创新文化，其实也就是要脱离一味强调管理创意和项目的思维模式，转而更全面地关注公司文化是不是在支持并培育新创意。但也并不是一边倒，我们还应该强调对话、参与和挑战。我之前是从"农民思维"开始讲的，所以我还想再回过去。农民知道只是扔几颗种子就等待作物生长这样的做法是不够的，还得耕土，保证种子不受危害。一旦收获完成，又要开始新一轮的种植。

为了保证创新文化真的能够抓住认知盈余，并能让每个人都参与进来，需要有心理安全，需要有尊重与互惠。这样就会让人觉得创新还是有意义的，也可以保证每个人都乐于承担责任。可要是做不到的话，做不到建设心理安全，做不到基本礼仪，可能不会马上出现可见的反应，人们可能也还是创新剧院的一分子，但是他们会变得毫不在意，也不会再有能深化创新的深思了。

我因为想突出其中的根本差别，所以才区分了深度创新和肤浅创新。一个只关注可见事物及表层现象的文化看起来可能是创新的，但是从长远眼光看，这无法产生有价值、有意义的变化。你如果希望打造出来的创新文化能够创造独特又有影响的事物，你需要打下一个有共享价值、有生命力的坚实基础。有了这个基础之后，我们就可以通过想象、好奇和玩耍来扩展创意空间了。具体内容我会在下一章进行探讨。

Innovation for the Fatigued

How to Build a Culture of Deep Creativity

04

想象带来的附加值

突破疲劳症，思考无局限

Innovation

for

the Fatigued

想象是创造的有力动因。除实际需要的物
质供给外，想象力是第二本质。

——伊曼努尔·康德

成为一个更好的丰饶角

创新文化若想创造出强有力的价值，需要创意来培育、发展与深化其文化自身。（谢谢你，明知故问队长！）一方面，这其实并不是个问题。强大的创新文化从本质上就会更加善于发现公司内自然存在的创意。我在本书的第一章里就已经说过了，没有哪家公司是缺创意的，而一个非常尊重创意与基本心理安全的文化是可以留住创新的。如此一来，公司要持续输出创意就真的是轻而易举了。即便如此，公司也应该考虑精炼这个过程，考虑如何才能关注那些不仅能够产生更多的创意，还会拔高创意质量的好奇心与想象力，你可以把这二者看作更强壮的幼苗。

在希腊神话中，丰饶角就是一个羊角，更精确地说，丰饶角是象征着丰饶富裕的羊角，也是大自然创造、哺育我们能力的象征。在一些故事里，丰饶角成了有魔力的物品。丰饶角是哺育之神阿玛尔忒亚[①]（Amalthea）的羊角，阿玛尔忒亚用自己的乳汁将宙斯（Zeus）喂养大（是的，就是这样）。宙斯小时候是个捣蛋鬼，有一天不慎折断了阿玛尔忒亚的羊角。这只折断的羊角非常神奇，能够提供无穷无尽的食物，正如宙斯年幼时所得到的滋养一般丰盛。

然而，丰饶角也有问题。一开始，丰饶角常常被描述为充满水果、蜂蜜和谷物的存在。这些是很好的食物，但是偶尔你也会想尝尝玉米饼、碎肉卷。同样的，你的公司的确可以产生创意，而且是很多创意，但是时间

---

① 阿玛尔忒亚在希腊神话中为山羊形象。

一久创意就会变得千篇一律。相似的想法或同一个想法会以不同形式一次又一次地出现，而那些货真价实的新想法就会越来越少（如果这些想法还不受尊重、没有互惠，就更会这样）。所以，我们在为创新文化打基础的时候，也需要看看我们要怎么样才能提高公司内部产生的创意的质量，成为一个更好的丰饶角。为了做到这点，我们就需要关注创造创意的途径。对很多人来说，这就意味着"有创造力地工作"，这会给公司营造出恐怖的氛围。头脑风暴、随处可见的便利贴、咨询顾问和浪费的光阴，人们都知道所有这些因素都会引发创新疲劳症。但是如此枯燥的创新活动背后隐藏的是某些未知的东西，是某些不大会引起疲劳症的东西。只要你挖得足够深，就会发现公司里的想象力。

想象：难办，难缠，难寻常

对创新产业来说，没有什么能比一览无遗的流程更能吸引人了，这样的流程很容易就会转变为创新咨询中用到的创新书籍或创新模式。许多商业领导对流程清晰又能用数字描述的创新模型抱有幻想，脑子里只想着万无一失的创新方法。然而，问题却是真正创新所涉及的方方面面无法用流程图来描述，也没有可遵循的清单。用2×2矩阵是无法捕获创造力的，因为创造力不是很适合矩阵的框架。领导要是想让自己的公司拥有深度创新，就需要接受这种基本的不确定性。领导需要接受这么个事实：创新有时候就是靠纯粹的人类想象力来发号施令，而想象力又是所有动力中最不可控的。

创新书籍常常会忽略想象力，觉得这是孩子气又不严肃的东西，可是它蕴含的能量却是不可估量的。我们也许可以把脑中想出新创意、新概念和新图像的无限可能，或者想之前未想之事的能力都描述为想象力。如果有的东西有实用价值又能售卖（不管以什么方式），我们就会把这些东西叫作创新；如果有的东西有实用价值，我们就会把这些东西形容为创新的。在这种情景下，对某些人来说，想象力就是创造力中最不适用的部分了。想象力没有界限，想象力也会创造出十分可笑的解决方法，就比如《星际迷航》（Star Trek）里的复制机能即刻呈上你想要吃的菜肴，还有《哈利波特》（Harry Potter）里的魔法物件。

想象力和不可能与不可信联系在了一起，于是在商圈里就声名狼藉了。虽然在演讲和推广材料中想象力可能是得以赞赏的，可是在实际操作中却是受到贬损的。在我自身的工作经验中，在头脑风暴会议上经理让创意要"现实点"或者是执行总裁让员工不要"太疯狂"的次数，我都数不过来。总而言之，若是在董事会参与的会议中提出具有想象力的观点，只会得到苦脸，而不是激情。还有人说只有学者才能脱离商业实践，我也不止一次和这样的想法做斗争，我只想说明想象力其实是值得关注的。

我们现在拥有的每一个伟大创新几乎都是由想象力完成的巨大飞跃！大多伟大创新都需要相当多的想象力，不管是以超过100千米/小时的速度飞行，和地球另一端的人交流，还是通过手机就能从一位完全陌生的人那里订到他家沙发上的一席之地。创新在实现之前也只不过是……我们想象力虚构的事物而已。

> 我们现在拥有的每一个伟大创新几乎都是由想象力
> 完成的巨大飞跃!

好工程师 vs 坏工程师

曾几何时,芬兰公司诺基亚(Nokia)还是行业巨头,是世界上举足轻重的通信公司与移动技术公司,似乎永远都不会出错,在科技上机敏灵活,尤为注重运作效率,还雇用了地球上相当聪明的人——虽然也有一些人并不是很聪明的人,但世人让他们自己相信了这个事实。这群人是(手机)宇宙的大师,他们自己也知道。他们创造出了有史以来最好的产品,其中包括3110型号的手机。就算到了今天,人们在谈到这款手机的时候也还是语带恭敬。也不止是诺基亚内部人员,对很多人来说,诺基亚突然失宠让他们大吃一惊。就算现在诺基亚已经转而关注网络科技,也取得了新的成功,但是下跌的市值就很好地说明了衰败的创意文化会给一家公司带来什么后果。

诺基亚一直以来都是一家由工程师组建的公司,服务对象也是工程师,简直就是运作效率的奇迹,但却受制于最佳实践。(或者照我的说法,"过去管用的……",哦,我好像已经说过一次了,对吧?)它雇用了许多相当有才华的人,创建的文化强调绩效与优异。绩效与优异本身没有问题,放到公司里也没有问题。问题是诺基亚不好沟通的名声和越来越多的要求。除此之外,它还在创新上进行了巨额投资,也的确是考虑了许多有想象力的项目,其高层管理团队还和有趣的媒体有密切的合作。公司雇用了世界上最顶尖的行为研究员和设计师，就比如异常有才的简·奇普蔡斯（Jan Chipchase）。另外，诺基亚的研发部门还开发出了先进概念与技术，其中包括了现代智能手机屏幕的原型，人们认为这是苹果创新垄断的经典原型。

那后来为什么一切都出错了呢？诺基亚似乎所有王牌都有——创新项目、天才员工、强大的市场力量，就更别提还有能得到巨额投资的途径——还错失了现代智能手机的崛起？错过了消费者使用移动通信的下一阶段？其实诺基亚的陨落并不是因为缺乏分析技巧，没有聪明才智，或者连一般的创新力都没有。原因很简单，就是因为文化：诺基亚无法将视线放到过去为他们带来成功的因素之外。诺基亚知道自己的最佳实践，自以为知道"什么事是行得通的"。诺基亚有数据，却看不到数据之外的东西，可数据并不是全部。诺基亚有那么多傲人的条件，但过于关注数据削弱了这家公司的实力。

想象时代的商业

想想以下场景：有一个时代，谷歌、亚马逊、IBM和几家中国公司正在竞争哪家公司能卖给你便宜又即插即用的人工智能产品，它可以用一种你想都想不到的方法来处理数据……在当今的时代背景下想一想，那将是一个大数据就跟电一样便宜的时代，一个严谨的数据分析就跟excel一样随处可见，它正在来临，速度可能比你想得还要快。在这样的时代，人工智能还是不是竞争优势呢？不是，当然不是。到那时候，人工智能的优势可能就跟现在办公室通网一样了。那数据分析又是不是优势呢？到那时候，数据分析也是必须要有的东西了，就跟资金流动管理一样。即便如此，就算你对过去的现金储备管理见解深刻，但是也并不意味着你对未来现金储备管理的使用方法就有深刻的见解。我们千万别忘了，在过去那个还要从店里租片子看的时代，百视达（Blockbuster Video）拥有的音像租赁数据也是非常庞大的。在百视达的顶峰时期，有超过9000家门店，还有相关的最佳实践。到我写书的时候，门店只剩下1家了，在美国俄勒冈州（Oregon）人口第七大城市本德（Bend），现在这最后一家商店已经成为一个旅游景点。

如今，许多公司认为在数字工具上投资可以起到保护作用，可是现实却是这些投资对当今所需付出的投资而言只是杯水车薪。然而，在数据分析和人工智能都很廉价的时代，想象力却并没有随处可见，现实恰恰相反。数据的竞争优势缩减后，想象力在哪，钱就在哪。当然，这并不是第一手的观察结果，许多人（更别提OECD这样的机构了）都已经意识到了在未来商业中想象力的重要性。查理·马吉（Charlie Magee）在1993年首次提出"想象力时代"这个词语，并认为这个时代会超越信息时代。可是自那以后就只有几个人用过这种说法。然而，这个词本身却不及其背后的洞见重要。工业时代讲述的是电是如何从好奇心转变为随处可见的存在，制造业中商品的价格是如何降到这么低廉，先进物流是如何让当日送达和在冬天吃上牛油果成为现实且常见。如今，部分工业时代的成果和信息时代的有所重叠，而且这些工业时代的成果也并不是就没问题（或生态成本）了。信息时代里通讯成为即时通讯，超级电脑成为我们随便出去就

会带上一两台的存在（如果你跟我一样的话，带上3台也行），数据处理
与存储变得越来越廉价，廉价到就算某天真的完全免费了也有可能（没把
能源成本算进去之前至少是这样）。

数据的竞争优势缩减后，想象力在哪，钱就在哪。

虽然众多成本有了大幅度下降，但有一种成本是稳定的，有人需要思
考生产什么、运输什么、分析什么。没有内容的互联网是个令人愉悦的
发明，但是对此感兴趣的也主要是那些因数据结构而激动的人。若没有
人设计深圳出产的小配件、小玩意和便宜货，深圳可能还止步不前。工业
与制造业越来越廉价，想象力就越来越重要了。现在我们看到的是另一个
循环，数字化（各种形式都包括在内，也包括人工智能）越来越廉价，使
用起来也越来越容易，而想象力仍然是越来越重要的。在商业中，人们越
来越不需要权势，数据日常处理运作和最佳实践很快就可以移交给算法实
体，之后真正的唯一竞争优势就只会是跳出数据思考的能力。做诺基亚没
能做到的事，看他人看不见的东西，或者用一个词语来概括，那就是想
象①。欢迎来到想象力时代。

---

① 约翰·列侬（John Lennon）大概在1971年就用《想象》这首歌提醒我们了。

想象力附加值

当然，想象力并不总是这样显而易见。比如说丽塔·麦克格兰斯（Rita McGrath）就曾指出，想象力也是需要阐释的，而人们对想象力的看法可能是对的，也可能是错的。她和人一起合作，写了《想象力附加值》一书，她还用这个来代指股市是如何基于你的可持续想象力来创造期待的。举个例子，贝佐斯打造了亚马逊，这家公司能持续有想象力地寻找吸引顾客、传递价值的方式，而人们对亚马逊的这种期待带动了亚马逊股票市值的上涨。但是并不是投资者准备好为公司的想象力额外支出大量费用，这笔钱就一定能保证想象力。我们千万别忘了，安然（Enron）这家位于得克萨斯州的能源、商品和服务公司，一度也是名副其实的想象力强势公司，似乎总能从看似不可能的情况里增加利润，还连续6年（1995—2000年）被《财富》杂志誉为"美国最具创新精神公司"。可惜的是，他们的想象力主要都用在账目和公然欺诈形式的高度创新上了，也正是这让这家公司在2001年破产了，最后人们才发现安然公司夸大的市值其实仅仅是建立在希望和不可能的梦想上。公司欺诈变得越来越明显后，安然就破产了，成为历史上最大的破产丑闻之一。

对有的人而言，安然事件似乎是对想象力的一记重击。为什么就不能着眼于自己已有的知识，为什么就非要去冒胜算只有一半的风险？我想说，就是因为这个，在对待公司的想象力时，我们才需要深思熟虑，我们同时也需要不再把惯例、创造力和想象力都想成全然毫无联系的部分。

因为我们在思考人类认知与想法的时候，常常会犯一个大错。我们接受的思维训练是局部思维，而不是整体思维，我们常常认为思考是个人独自就能完成的事。我们把记忆和回忆看作一件事，把做数学题和逻辑题看作另一件事，创造性思考则是第三件事。这样想是错的，就跟大脑的不同部位负责不同事情这种迷信说法一样大错特错。大脑在思考的时候，比如说你想记起一个老朋友的名字的时候，可能只有一个部位的激活程度会高一点，但是这并不意味着其他部位就一点都不参与了。因此，像创造力和想象力这样的东西并不是和其他思维形式完全区分开的，相反它们是很依赖其他思维形式的。

这才是真正的想象附加值，代表了我们在理解人类思维的全部力量后能取得什么。若这种真正力量没有被浪费，就能受到尊敬与滋养。一家有1000名员工的公司就有1000台可利用的想象力发动机，可是只有几台发动机是连接起来的。要是有一个执行总裁，每8个小时才让他的员工工作10分钟，你会怎么着？当然是开了那个总裁，因为效率低到没谱了。我见过有的公司会利用1000人里20人的想象力，可是这看起来又是可以接受的。但是，比例是一样的：98%的想象力没有被利用，这个附加值值得我们深思。

思考，快与慢

要理解想象力，并不是要理解思考的封闭模式是怎么运作的，而是要理解人类的思维是如何分层堆积的。丹尼尔·卡内曼（Daniel Kahnemen）在他的畅销书《思考，快与慢》（*Thinking, Fast and Slow*）

里就解释了思考的系统1和系统2。前者是快思考，基于本能与即时反应，而后者就更为刻意与逻辑化了。思考想象力的方法之一就是从当下出发，然后越来越深入。我喜欢把这个过程描述为深挖：一开始我们本能思维的表层土还是很好挖的，然后一路往下挖，到很难的想象力沉积岩。尤其对公司来说，想象力通常是最难的，问问百视达公司就知道了。

　　大多数公司或个人的思考都是由惯例、已学模式和之前的有效行为组织而成的，甚至人们在遇到新问题的时候还是会去求助这几项。这样的思考方式对我们来说最轻松不过了，因为只需要用上之前就已经确定好的经验探试法就好了。如果是早上，就得喝咖啡；袜子要在鞋子之前穿好；如果有顾客投诉，就怪信息系统。这种思考方式是很重要的，帮助我们一天天地过日子，也帮助我们处理一些广为人知又易于理解的情况。我们用这种思考模式用得太过频繁了，而且用的时候都不过脑子，所以甚至都不知道这种思考模式是如何产生问题的。这就是卡内曼的思考系统1。卡内曼还细讲道，这个系统会带来大量偏见，捷径与经验探试法会让我们的行动变得相当不理性。然而，我们的大脑在处理问题时，这个系统却一直都是（一直都是！）首选系统，指出这点很重要。不管出现的问题是不是新问题，头脑风暴的创意是不是新创意，我们思考系统里蹦出来的第一想法就是惯例化的解决方案，这种方案是我们能想到的最简单也最舒服的方案。

　　在遇到更复杂的问题时，我们就会开始用卡内曼所说的系统2了。这个系统的思考模式更具分析性，试图与本能的系统1做斗争。我们可以把这个系统称为逻辑阶段。逻辑阶段里我们遵守已知的思考规则，只是思考方式更有意识、更深入。在这个系统里，我们会处理已有数据，仔细思考之前处理问题时测试过的各种流程，并选出我们认为最符合项目的一种流程来。因为我们一般都会有好几种思考工具，这种形式的逻辑挑选组合也就自然而然地产生了。然而，解析法也是有特定局限性的。在应对更广为人知的问题时，或者说至少是让人能联想到以前的问题时，逻辑很管用。假设这般和那般都是已知的，如果这般，那就那般。在这样的问题解决层次里，每个问题都有明确的答案，最佳实践（不，我不会再说那么做了）也是有用的，但每个人和每家公司迟早都会遇上先前经验、过往流程与已有方案都无法解决的情况。

超越逻辑的试验

当我们想竭力维持逻辑或系统2思维的时候，常常会试探性地去探索。这就是试验阶段了。试验代表着逻辑和创造力之间的空间，在当代的管理思维中提到的次数很多，但不幸的是不为人们所理解。这些试验是测试，是不同于逻辑与过往经验的事物，同时还包括创造要素，即利用假想。不管是对公司还是个人而言，这代表着不顾最佳实践，脱离现有能力，明显与逻辑思维相背。试验引入了不确定性与风险，完全脱离传统思考圈，并因此充满趣味。

再进一步说，我们是在创造力层次的基础上进行操作的，我们会果断地脱离系统1思维，同时也开始告别系统2思维。人们经常把创造力定义为整合之前未整合之物，而在创造力这个过程中我们常常会倾向于跳出过去的习惯性逻辑来思考。然而，创造力并不只是思考的一些自由空间，也不只是我们轻易就能取得联系的工具。相反，我们的创造力常常会受惯例和我们看待世界的逻辑方式所影响与限制。因此，如果你是个工程师，你的创造力"工具箱"里就会有许多工程惯例和逻辑。你看到工程解决方案上的创新可能性就会很大，而鉴赏来自其他经验或知识的创新的可能性就不大了。

这对公司来说也是有影响的。像诺基亚这样的公司也有许多既定的惯例与逻辑，常常预设了什么是有创造力的，什么又是没有创造力的。比如对科技公司而言，这意味着公司无法看到新型服务试验的价值所在，可是又非常欣赏创造性的新技术解决方案——至少会欣赏那些带给他们舒适体验的技术。

个人或公司所理解的创造力有时可能并没有那么具有创造性。

个人或公司所理解的创造力有时可能并没有那么具有创造性，试验并不能保证公司马上有健康的创造性文化，因为公司可能只是做一些文化认为合适与可接受的试验。我这么说并不是为了贬低试验，而是要强调我们需要了解试验和创造力出现的环境，因为不管是在舒适区内还是舒适区外，创造力都是可以实现的。

谈舒适区

讲到创造力的时候，我时不时就会关注舒适区这个概念。这个概念经常被用到，我们经常会把这个概念用到他人身上。我们能很快指出其他人在自己的舒适区不肯出来，但是我们却很少讲自己在舒适区里花了多少时间。事实上，我们有的时候还会花很多钱来让自己的舒适区变得稳固，会议就是很好的例子。

想想看，讲到舒适区，还有哪个例子能比会议更好呢？在会议上，每日工作的烦心事都不复存在，包括老板、同事，也许还有更重要的顾客。在会议里，我们周围常常是想法相似的人，他们与我们的经历相似，也有同样的忧虑。会议是个挑战人们思维并带来许多新创意的绝佳场所，同时也是创造从众效应的超强大引擎，支持一致意见，放大已有偏见。

同样的原则不仅在会议里实行，在公司里也有，包括但不限于公司内部的动力。有的公司一开始就只涉及一个领域，公司的能力是得到了集中，但与此同时公司的视野就会变窄。公司成员会对已经掌握的技能感到满足，也会越来越被公司里相像的人所吸引。我合作过的诸多公司里，工程师们每天一起吃饭是稀松平常的，大客户经理之间经常交流（常常是抱怨客户）也再平常不过了。可这样为什么不行呢？我们在组建公司的时候也常常按照这种模式，把公司分成营销部、运营部等部门。这就是为什么一些像乐高公司（Lego Group）那样具有前瞻性的公司会强调 T 型技能，也就是要求员工不仅对公司跨部门的业务有广泛了解，还能深入了解自身专业领域的知识。

有的公司正在想方设法增加创造力，可是公司本身想待在舒适区的趋势就让这件事变得难办了，但公司并不会展现出自己不愿意创新的态势。我碰到过许多公司，它们都声称自己热爱创新。举个例子，我曾经和一家专业服务公司有过合作。这家公司就是想不明白，怎么和手脚快的公司一比，就显得自己不创新了。于是我对这家公司进行了评估，原因马上就浮出水面了。的确，这家公司是投资了创新项目和创意讲习班，但是这些项目和讲习班的模式都一模一样。创意并没有和公司眼中的核心技能组合保持一致，于是就被击垮了。可要是创意从猜想出发，认为技能组合是有价值并且正确的，那么这个创意就会受到赞美。他们之前那么激情四射地跟我描述的"试验"，在普通人眼中就和这家公司的"寻常生意"没什么差别。这家公司并不是没有做出尝试，只是他们敢于关注的创意都受到逻辑的哄骗与限制，可他们就是不跳出已有逻辑。他们需要玩得更大胆些。

旁若无人地玩耍

商界和玩耍两者的关系，就跟商界和创造力与创新的关系一样复杂。的确，公司已经在玩耍的重要性上说了很多形式的门面话，但是却没有真的用开放的态度允许人们在工作中玩耍。虽然我们都声称自己热爱创造力，但是在大多数公司里，玩耍看起来仍然过于孩子气、过于不严肃，所以人们都不认真对待。这真的很丢脸，因为玩耍是我们打破旧逻辑依赖的重要方法。

我们很难给玩耍下一个定义，可是放到我们这里，玩耍的定义应该就是遵照自身内在逻辑进行探索的行为。这是说玩耍也不接受寻常规则，只接受自身界限。因此，如果我们和孩子玩海盗游戏的话，沙发是船，地板是水，就是这么回事儿。可我并不是说玩耍就是不严肃的，玩耍内部的规则还是必须遵守，那些玩动漫真人秀或者角色扮演的人就可以证明，玩耍也是可以很严肃的。

在我们当下的语境里，也许把玩耍描述为自由试验最合适不过了。公司的试验经常是有大问题的，因为会紧跟公司里已经盛行的思维形式，而玩耍就可以打破人们已经知道、已经实践的事了。玩耍就是特斯拉卖火焰喷射器，就是汉堡王（Burger King）原创并让顾客随心所欲的"听话的小鸡活动"（Subservient chicken-campaign）。玩耍就是Chance the Rapper[①]一份唱片合约都没签，所有音乐免费，专辑《填色书》（Coloring Book）发表在流媒体上，没有任何推广，照样拿格莱美奖（Grammy）。

即便如此，或者说就因为这样，在公司玩耍往往也很难。我在和这章里之前提到的那家专业服务公司合作的时候，开了一个讲习班，假定公司当下提供的服务变违法了，他们要怎么办，我鼓励他们演出来。我给他们定的任务是他们得很快就创造出一种能够卖给消费者的产品来替代之前我说的"非法"服务。很明显，大多数人马上就觉得这个讲习班里的假定条件很愚蠢，甚至还毫无意义。他们提供的服务大多跟金融有关，什么时候都不可能变成非法（人们对公司更具创造性的税务服务可能颇有微词），而且学员越年长，对我提议的表演环节就越不舒服，这种不舒服是可以看出来的。

然而，之后发生的事情却出人意料，有的学员开始表演一些极具想象

---

① 美国说唱歌手，在第59届格莱美奖中获得七项提名，最终获得"最佳新人""最佳说唱歌手""最佳说唱专辑"三项大奖。

力的想法。在有人扮演顾客的角色扮演会议中，令人吃惊的是，可用的新商机竟然出现了。在之后的询问环节里，有好几个学员表示，没有了往常的公司阻碍，没有了公司的关注点，连不切实际的想法都能自由表达出来，他们感到很开心。

表演和猜想看起来可能不大严肃，但是在现实中这两者却成为通往真理与深度创造的大门，成为天马行空的想象。

大我

如果说在创新里，有一件事真的是我非常喜欢讲的，也非常喜欢教给公司董事会的，那就是把"想象力"一词放进他们词库里这样的恶作剧了。我能够感觉到，当我提出要做一场讲话或者要办一场讲习班的时候，他们都觉得我非常具有男子气概，觉得我会很严肃（是的，毕竟我是个男性教授，还有胡子），还觉得我会讲像"创新""战略""领导力"这样具有男子气概的严肃话题。可是等我开始讲想象力和无限制思考的力量时，我经常看到几个主管大失所望。尤其是在介绍"想象力"这个词的时候，他们明显觉得想象力就是"女孩子家家的"词语，应该放在幼儿园里讲，而不是在会议室里讲。

要告诉这样的人想象力其实是非常严肃的事，绝不仅仅是玩乐与游戏，往往需要给出大量具有说服力的案例。想象力是创造力的核心。人类的能力允许我们无拘无束地思考，不受教育、经验与既定真理的限制。我们跳出系统1和系统2，甚至跳出创造力，就能达到这样的境界。在这个境界里，思考可以是漆黑一团的，也可以是敢于冒险的，创意可以是真正自由的。对人类来说，要到达这个层次很困难，因为我们经常会去避免自由思考和创造性思考。对公司来说，要达到这个层次就更困难了，因为公司可能会主动阻碍人们深挖至此。

但是我们需要尊重想象力，因为只有通过想象力我们才能得到我们习惯自动忽略的创意，得到我们逻辑框架和参考信息试图屏蔽的创意。的确，人们一开始想杀死的创意经常都是有想象力的创意。一旦患上创新疲劳症，你可能对达到这个思考层次压根就不感兴趣。所以为了在创造力上继续往深了走，我们需要获得自由。

挖掘想象力

想象力在个人及公司里的工作机制是非常重要的，我喜欢把这个部分想成是深挖的过程，你挖得越深就会越难，我用这个比喻来故意和寻常讲创造力的说法反着干。寻常人们都说我们的思维程度会越来越高，就跟飞机一样。这种理想化的描述是很危险的，因为它并没有展示出其实解放你的创造性思维也会涉及和他人的冲突，冲突才是这个解放过程更基础的形式。因此，不要再把这个过程想成是攀登顶峰的过程，而要把人类的思维想成你要挖的矿。

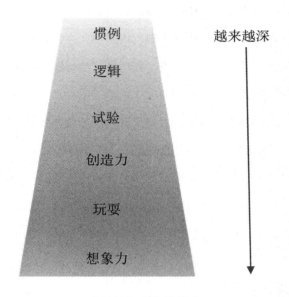

（创新）思维的层次

第一层是**惯例**，代表着思维的表层土。这一层很容易就可以到达，所以我们马上就可以拥有。我们不用为此努力，直接就在这一层了，这代表着我们最先得到的创意与最常见的解决方案。我们在这里使用的解决方案常常不过脑子就想出来了。

这层下面是**逻辑**。要到逻辑层稍微需要花一点功夫，但是我们都可以达到，因为就在表层土下面。这层当然会稍微难一点，土壤也开始变硬，但是因为我们对这个工作都很熟悉，所以也不大会去躲避（虽然也不是我们做的第一件事）。

试验层就代表事情难了，难了很多。这层可以是浅的，也可以是深的，展示了我们为实现自身创造力花了多少功夫，就跟不同深度的井一样，但我们也可以假装我们费了很多心力。在公司里，要是试验需要的工作很多，从试验到放弃的时间就会短到让人惊叹。这是因为公司里的许多试验都很浅，也从来没想要真的就变得很有创造力了。这些试验只是展示试验而已，一旦试验画上了句号，人们就会觉得再也不需要重做一次了。

我们真正感兴趣的当然就是下面一层：**创造力**本身。这层就特别深了。表层可能和逻辑层一点差别都没有，但是我们越钻越深，然后就和惯例与逻辑拉开了差距。你有没有想过为什么传统的管理人那么容易对创造力大加赞赏呢？就是因为他们经历了表层土阶段，觉得自己在这层待着就很舒服了，从来也不想投入深挖的工作中去。深挖后的东西变得黑漆漆的，也很危险。

你也许会很好奇，为什么我会把**玩耍**放到那么深的位置，看起来这不就表示玩耍很难吗？怎么说玩耍都行，但说它难是不可能的。你真的确定这样的说法吗？你可能是这么想的，但这么想是错的。对大多数成年人来说，玩耍其实是很难的。而在公司里，玩耍几乎就是不可能的，因为玩耍也只是表面上简单而已。玩电脑游戏是很简单，因为你常常会把玩游戏独立开来，全身心地投入其中。然而，要是在真实生活的场景下再多玩一会儿，又会全然不同了。这是因为我在这里一直提到的玩耍，不仅需要你抛弃限制你整个工作和生活的框架与逻辑，需要你抛弃设想的框架和逻辑，还需要你持之以恒。因为玩耍解除了我们的镣铐，也让我们觉得脆弱，甚至还有点愚蠢，所以我们都觉得它难。但如果我们要突破重围，到最后一个阶段，我们又必须完成这一步。

对大多数成年人来说，玩耍其实是很难的 。

最后一个层次是**想象力**，这在意料之内。这个层次需要大量的工作，也需要思想基础。只有有意识地把自己和常规理性与逻辑区别开来，才能获得这个思想基础。在公司里，深入到这个程度后就会引起不适，因为我们真的是和寻常流程保持了一定的距离。可是，也正是到了这个阶段，有破坏性的想法才会出现。创业公司常常很容易就和这个阶段联系起来，原因之一便是创意公司根本就没有类似的智力负担。

因此，我们为了从想象力附加值中获利，也为了用想象力杀死创新疲劳症，就需要重新和有深度的思考层次建立联系。为了实现这个目的，公司就需要多样化，在之后的一章里会讲到，在倒数第三章里也会讲到。现在呢，我们还有一些时间来看看挖掘想象力过程中的重要工具，这个工具也是深度创造力的核心部分，它就是好奇心。

好奇心永远都不会杀死猫

我们还都是小孩子的时候，有人会警告我们好奇心不要太强。有的时候可能是因为父母不希望孩子发现藏起来的礼物，但更多时候人们把好奇心看作危险的事物。人们告诉我们不要探索太多，告诉我们把事情弄得一清二楚会招来祸患。可是孩子生来就是好奇的，常常不会去听，而青少年又会愉快地直接忽略警告，对世间万物都好奇心十足。然而时间一久，我们就越来越不好奇了。

公司也是这样。创业公司和其他年轻公司常常很乐意去做测试，然而时间一长，就对这个世界越来越没有好奇心了。公司越来越沉浸在老顾客的怀抱中，沉浸在自己感觉舒适的能力中，也沉浸在自己的世界观中（或者就把世界观缩减为简单的关键绩效指标），进而过滤掉有新意的信息与可能引发的想象力。如果我们去看看大企业的衰落史，不管是柯达（Kodak）、百视达，还是玩具反斗城（Toys "R" Us），会发现这些企业的衰落模式是一样的，这让人感到压抑。衰落从来都不是因为公司缺乏有创意的人、缺乏尝试新事物的资源，也不是因为新科技或新顾客的行为变化太快，几乎所有的例子里，公司日薄西山的征兆其实早就已经显现了。但是公司里没人有这颗心去了解这些征兆，人们就是不感兴趣。那你又怎么确定你的公司是保持好奇心的呢？

那你又怎么确定你的公司是保持好奇心的呢？

罗氏公司[①]（Roche）是一家成立于1896年的制药公司，在创新上的投资是重量级的，取得的成功也让人难以置信。2017年是他们红利增加的第31个年头，在美国的销售额达到了535亿美元。当然，罗氏公司取得成功的原因有很多，比如说瑞士人关注细节与执行程度良好的策略，但是核心因素是他们一直独立研究与投身好奇心的文化。举个例子，这家公司诊断领域的副总跟我有过交流。在我们的专业化讨论中，他提到罗氏集

---

① 要是你想知道全名的话，全名是豪夫迈·罗氏有限公司（F. Hoffmann-La Roche AG）。

团有两个主要的研发部门。这本身没什么特别，可有趣的是公司政策在这两个部门之间造起了防火墙，也就是说这两个部门之间不会有任何交流，实际上就把这两个部门变成了竞争对手。虽然这样做看起来可能有点奇怪，但是内部逻辑其实是非常成功的，因为这两个部门的人都不能确定对方部门在做什么。这两个部门在跟上医学科技的进展、与公司外部人进行交流并参与奇奇怪怪又模糊不清的会议和研讨班上，都展现出了高度的好奇心，因为没有哪个部门能完全保证自己不落后、不遗漏，所以他们的好奇心就跟装了涡轮的增压器一样被激起来了。

好奇心危机

虽然我们不该单单凭几个例子就得出结论，但是在讲到好奇心的时候，罗氏集团的故事还有好几个关键点，公司内部要如何加强好奇心也可以从中得到很多启示。在我们开始讲这节内容之前，我们先来看看没有足够好奇心的代价是什么。一位名叫弗朗西斯卡·吉诺（Francesca Gino）的行为科学家是世界上最具好奇心的人之一，她在《哈佛商业评论》（Harvard Business Review）上发表了一篇文章，揭示了工作场所的一项好奇心研究的结果。令人吃惊的是，结果显示只有24%的人（少于1/4的比例）称自己在工作中隔一段时间就会感到好奇。更吓人的是，有70%的人称自己所在的公司存在询问的障碍，还想以此扩展业务。这项研究和其他相似研究的结果一致，突出了当今企业中一个奇怪的悖论：**告诉人**

们要创新，可是又阻碍他们询问，阻碍他们的好奇心。

这样的好奇心危机自然也就会为公司招来厄运。吉诺随后建议在招人的时候，就招那些天生好奇、强调学习并以身作则克服创新危机的人。这当然是个好建议，可是我个人发现正如想象力是需要挖掘的，好奇心也是需要积极鼓励的。这也就意味着单单希望员工能够更具好奇心是不够的，为了确保好奇心，我们还得采取积极有效的措施。就跟想象力一样，好奇心也许是孩子天生的，但是这并不意味着要在成年人里重燃好奇心就是件易事。在我自身的工作中，有三个具体主题与之相关，而且这三者都明确显示出了好奇心与想象力之间的密切联系。

第一个主题是讲人们是如何对一件事感到好奇的。在我做过的几个项目里，我坚持**要对公司的创意资源进行全面审查**。企业需要新鲜资源以产生具有想象力的创意，这种创意看起来可能不言而喻又微不足道，但是大多数公司对所看、所学、所遵守、所探索之事连一点战略认识都没有。据我的经验而言，5家公司里有4家都没有试过系统性地往公司引入广泛、不同且多样的资源。这种新资源大多都是从一般商业媒体（竞争者能从中获取资源）、行业媒体（竞争者也能从中获取资源）和行业会议（竞争者更加能从中获取资源）中收集，这是较为常见的做法。这样一来，主要资源都为寻常公司所熟知，各公司也没有合适的渠道来获得更丰富的资源，虽然公司可能渴望好奇心，但没有能让这种渴望落地的必备框架。这里有一个行动方案：创造一个能获得新见解的系统，而且这种新见解可以是复杂管理系统上的想法，也可以像是关注公司里的人现在在看什么杂志之类简单的东西。我再强调一次，公司里的创新能力也许就藏在小事情背后。

第二个主题就和**激励探索**有关了。大多数公司只有在员工完成了预定销售目标或者达到预定关键绩效指标才会给予真正的物质奖励。可奇怪的是，这也就意味着员工和经理主要还在关注上述目标与指标，代价则是好奇与探索。我和海洋产业里的一个高管有过一次交谈，他的公司和同行竞争者相比处于较低创新层次，他对此感到非常担忧。我建议他改变激励机制，奖金只给那些能够证明自己的经理，证明他们会去探索许多至今仍未经过测试的想法或可能性。高管说要是他这么做就太不负责任了，这样一来经理就算是做了毫无必要的事也会"受到奖励"。这位高管不是个傻瓜，他只是被创新产业洗脑洗得很彻底，以至于他现在真的觉得就算没有"无意义"的探索，创新也是可以实现的。然而，如果我们付钱给囿于己见的人，反而去惩罚好奇心，那如果他们越来越不关心创造力和创新，我们也不该感到惊讶。

第三个主题是**打破舒适与安全**。激励是很重要，但是我们也不该只看积极的方面。负面激励措施，又称"惩罚"，听起来像是压迫式管理的工具，像是严厉的家长式统治，是危害工作场所的文化。可是，我们不仅需要思考如何奖励好奇心，还得思考如何保证人们有踏出舒适区的动力。举个例子，英特尔（Intel）长期以来将工作轮换制作为战略工具，这样人们就可以在不同岗位暂时工作，也可以从中学到新技术。公司越来越依赖开发想象力潜能，采取轮换制以保证公司不走上古怪的歪路，让人们在保持好奇的康庄大道上前行。在过去，你永远都不会因为效仿IBM公司而被开除，可是在未来，开除可能就会成真了……

认真对待想象力

想象力只是看起来孩子气而已，其实是桩很严肃的事。公司若想在想象力时代取得成功，没有几件事比想象力还要重要。公司需要离开肤浅实验，需要忙于玩耍，需要在工作中用上好奇心。然而，要做到这点，领导不该只希望拥有想象力十足的公司，要做的事情其实很多。

领导需要鼓励员工变"疯狂"，让员工敢于在逻辑之外思考，全力去做富有挑战并难于登天的实验。像我们之前提到过的安东尼·阿杜里斯（Andoni Aduriz），这样的领导就把自己的公司远远地推出了舒适区，虽然这么做会让别人怀疑他们的精神是否正常。

领导需要持续在创新文化上投入心力，也需要创建一个能优化想象力的公司，让这家公司有胆魄、有壮志做想象力所要求的苦活和累活。现在，我们回过头来讲这些问题。

Innovation for the Fatigued

How to Build a Culture of Deep Creativity

05

设计创新

多样文化的重要性及
单一文化带来的问题

Innovation
for
the Fatigued

每个人在看到创新之前都是相信创新的存
在的，可是真的看到创新之后，又会想"不
会吧，这些东西是行不通的，太难了"。

——诺兰·布什内尔

疯狂的男性至上主义

坦白说，创新思维正受棘手的大男子主义之苦。不管是在门洛帕克^①（Menlo Park）还是在微软（Microsoft），人人常常都认为创新就是男人的天地，虽然公司已经学会了说多样化之类的空话，但是在创新那些毫无价值的工作里还没有这种想法。艾米丽·张（Emily Chang）在她的著作《极乐男权：硅谷男孩俱乐部的破碎》（*Brotopia: Breaking Up the Boys' Club of Silicon Valley*）里就有详细的描述。我们往往思考、描述创新和创新公司的方式都带有明显的性别歧视。怎么样才算是个真正的程序员，怎么样才算是个有创意的天才，相关的陈词滥调仍然存在。而我们在讲到创新者的时候，讲到史蒂夫·乔布斯的可能性要比海蒂·拉玛^②（Hedy Lamarr）的可能性要大。拉玛女士可是发明了让蓝牙和Wi-Fi成为可能的技术，然而我们要是在短时间内需要一个创新偶像的话，想到的更可能是穿着黑色高领的乔布斯。

在学校里，老师告诉我们爱迪生发明了灯泡，亚历山大·格拉汉姆·贝尔（Alexander Graham Bell）发明了电话（这两种说法都不大可靠，都简化了发明过程，我们这里先不想这个），但是老师不会告诉我们约瑟芬·科克伦（Josephine Cochran）发明了第一台成功商用的洗碗机（1886

---

① 位于旧金山，地理位置优越，是富人区和白人区。
② 美国影视女演员、发明家，发明了跳频技术，为 CDMA、Wi-Fi 等技术奠定了基础，2014 年入选美国发明家名人堂。

年）。要是你让人们说出发明了第一个白血病疗法、合成了第一剂免疫抑制剂（大大提高了器官移植的成功率）、成功研发了第一种治疗疱疹的药物，甚至还参与了第一种治疗并预防艾滋病的药物AZT的那位女性名字，人们很可能会怀疑这个人究竟存不存在。如果真的有这么位女性同时取得了这么多成果，她肯定在世界范围内非常出名吧？好吧，就有那么一个女性做到了这一切，她叫格特鲁德·贝尔·埃利恩（Gertrude Belle Elion）。她虽然没有拿到正式的博士学位，但在1988年，获颁了诺贝尔生理学或医学奖，和乔治·希青斯（George Hitchings）和詹姆斯·布莱克（James Black）一同获得。她当然在医药领域声名鹊起，可是对大多数人来说她却名不见经传，就算是除了以上令人咂舌的成就外，她还为痛风、疟疾和脑膜炎等疾病研发了药物。简而言之，毫不夸张地说，她治好了部分癌症，把数不清的人从鬼门关里救了回来。现在，再想想，要是一个男性有以上成就，他也会几近名不见经传吗？我表示怀疑，非常怀疑，尤其因为男性就算取得一点成就、一点点成就，就很容易举世闻名了。

换一句有点不一样的话来说，创新的多样化是个问题。这并不因为多样化和创新二者是矛盾的，恰恰相反，创新因多样化而蓬勃发展，某种程度上我们还可以说多样化是最重要的创新驱动力之一。但是就这么一个简单的事实，还需要一次次地证实，改变公司、创新书籍与倡议里的大男子主义的逻辑、风格和态度的过程仍然困难重重。我在我的工作中一次又一次看到过这样的情况。我加入创新研讨会，却发现领头的是年轻的高加索男性，就算是有的国家白人是少数群体，也还是这样的情况。我参加创新小组，却发现小组成员都是外貌与我相近的人。的确，作为一个白种高加索人，现在还是稳定的中产阶级（虽然也没和我原来的农村工薪阶层脱离太远），由我来提出这个问题有点讽刺。我也许是个创新教授，但是我必须承认我看上去就很像个创新教授，这就是问题所在。

<u>创新的多样化是个问题 。</u>

创新与特权

这个话题不可能让人舒适，但我们又必须谈论这个话题：**创新中有特权这个因素**。不管我们讲的是个人还是公司，如果你不需要为你的生计而奋斗的话，尝试新东西就会容易些了。举个很明显的例子，至少除了创新产业之外的任何地方，如果你一穷二白，付不起日益高昂的学费，你的创新倾向就会受到抑制。当然，有很多伟大的创新者都辍学了，但是没有几个人是因为付不起学费才不读大学的，而是因为他们想要尝试其他事物。很多情况下他们都是有安全保障的，就更别提他们还有可以利用的人际网了。就算创新者出身没有那么好，他的条件也肯定是相对较好的。

就拿乔布斯来说，虽然他的（养）父母都是蓝领工人，也不是很富裕，但是他们会用尽毕生积蓄，把自己的家搬到更好的学区里，这一点他们是非常支持的。随后，他们在乔布斯的学业上又花了更大一笔钱，让乔布斯就读于学费高昂的里德学院（Reed College），也就是乔布斯辍学的那所学校。虽然这也并不意味着乔布斯来自富庶的家庭，但这说明了不是所有叛逆的孩子都有买得起大房子的家长，中等大小的房子也行，只为孩子能上更好的学校。也不是每个有天赋却不专心的孩子都有能送他们去上大学的家长，最后还辍学了。乔布斯除了才华横溢和发愤图强之外，还很幸运，他在对的时间到了对的地方。更重要的是，他还能融入其中。他长得好看，小的时候一直混在工程师堆里，看起来似乎还对尝试毒品持开放态度，因为他知道警察对他吸的那种毒品不会过多关注。是的，他为了给苹果公司筹资，卖掉了自己的面包车，但是要指出的是他要这么做首先也得有辆面包车。他以上事迹保证了什么吗？当然什么都保证不了，以上没有一件事让他的精力、远见或成就受到影响。他拥有的条件就这些，但也比其他人要多了。

　　放到公司层面上来说也类似。创新书籍里一直以来都有这么个争论：大公司与小公司，哪个更擅长创新？基于大众文化与媒体论述，大家都接受的答案是小公司的创新能力要强于大公司，因为大公司看起来很庞大、很传统，还充满了官僚主义。可是这样的猜想缺乏数据支持，极大推动了破坏性创新的写作，也大大鼓励了许多心怀梦想却缺少资源的创业者。这是我们想要听到的故事，告诉你只要有勇气、有毅力，你就能杀死商界里那些步态笨拙的恐龙。但是就跟我们喜欢的其他故事一样，这些故事都不现实。

富人与穷人

罗斯·贝尔德在他的著作《创新盲点》里就提到了残酷的现实：创业

公司要真想尝试成为颠覆者，通常还是需要资金支持的。的确，有的创业企业家几乎白手起家，可真正如此的例子真的很少（相当少）。说些让人感到不快的话，许多创业者的资金支持中有一部分或全部都来自有钱的父母，身为投资银行家的妻子或丈夫，或者类似的投资者。有的人很不幸，没能出生在富裕的家庭，也没能和有钱人结婚。对他们来说，当然还有天使投资或者风险投资，可是据贝尔德在书中所说，这笔钱大多都会被有"对的"背景的特定小团体成员拿走，尤其是那些出身于"对的"大学的年轻高加索或亚洲男性。的确，也有没受过教育的美国黑人女性接受过风险投资，但是她们已经不在我们的讨论范围内了。因此，就算是拥有颠覆能力的创业者，要么从特权中获益，要么与特权苦苦抗争。

有很多创业公司因为创始人没有对的家庭，没有对的背景，没有对的人际关系，也没有对的长相，始终没能顺利发展下去。就算我们忽略这一点，特权里也还是有许多问题要考虑。虽然讲了大公司那么多坏话，但大公司所拥有的融资机会，创业公司只能在梦里想想。大公司在不缺钱的时候，随随便便就能拨款给创新试验，创业公司也只能在梦里想想。大公司可以把人才都聚集起来，做一个人才池，让小公司的人才团队看起来就跟个浅水坑一样（我并没有诋毁创业公司里人才的想法）。没有几家小公司雇得起高端领域的技术专家，而除此之外，能够或者已经和大学里的顶尖科学家建立合作关系的公司又可以取得前沿研究的使用机会（常常价格还相当优惠）。大公司的制度网络也更加广泛与强大，包括但不限于物流链、能阻碍并限制新公司进入的现有销售网络与供货商的现有合同和在生产设备上的现有投资。诚然，大公司的制度有利也有害，但是如果你拥有了已经就位的东西与资源，就整体的创新而言会比一无所有的公司容易得多。现代经济体提取出来的价值中有两个重要推动因素，那就是游说和律师，我们现在还没提这两个因素呢。

看起来不管是大公司和小公司都能在创新中取得进步，可通常来说，这是公平的另一种形式：一部分人享受到了更平等的待遇。这个讨论话题在传统的创新书籍中是不大会被提到的，又被创新产业噤声。创新产业很清楚自己的顾客是谁，并且真的、真的不想破坏良好的现状。创新产业靠着兜售白手起家的故事、宣扬勇敢的创业公司和英雄式年轻男人的事迹而赚得盆满钵满，所以对提供其他的选择一丝兴趣都没有，就算是对过程中的创新有损害也无所谓。

> **可通常来说，这是公平的另一种形式：**
> **一部分人享受到了更平等的待遇。**

特权上的创新

我非常清楚这个讨论会让你对错误的方式有进一步的认识。现在你可能就怀疑我在说男性，（尤其是白人男性）的坏话，你可能会觉得我单单就说乔布斯很刻薄、也很不公平，明明对圣人来说那样的光环再寻常不过了。我表示理解，但是我上面写的那些东西并不是要贬低任何人（可能是想要贬低一下创新产业）。相反，我希望有更多像乔布斯这样的人出现，格特鲁德·埃利恩（Gertrude Elion）这样的人我也希望多一点，更别提

140

那些几十万的潜在创新者了，他们因为自己看起来不像是做创新的，就从来都没有往上走的机会。

我这章的论点和整本书的论点都表明创新深受狭隘定义、浅薄方法之苦。透过多样化这个镜头，我们可以看得很清晰。罗斯·贝尔德（Ross Baird）认为，若一开始建立创业公司的人都是来自特定大学的年轻白人（或亚洲）男性，我们就无法拥有来自其他背景创业者本可以做出的创新。他和我都没说过因为你是年轻白人男性，所以你就不该得到资金，除非你的创意比不上来自印度次大陆的年长女性的创意。要真的比不上，你当然得不到资金。而大公司可以使用很多资源，还可以在创新倡议中利用这些资源，要是我们说这是个问题的话会显得很愚蠢。然而，从这两个例子中我们知道，创新也是可以被曲解的。

一种年轻男性占优势的创业融资环境创造了许多创新，这些创新可以解决年轻人或者相对富裕的人所遇到的问题，所以食物配送和约会软件是不会缺的。现在，精彩的游戏和讨喜的配套设备都可以购买，其数量之大让人眩晕。如果你的主要问题是要和你的兄弟保持联系，不要发愁；如果你想要的超越了娱乐的范围，想点个披萨外卖，再用加密货币匿名付费观看色情电影，今天的硅谷完全可以胜任。硅谷对穷困单身女性不是很感兴趣，对发生在中年资本家身上的问题却兴趣满满（我又一次讲了对我自身不利的东西）。贝尔德强调，创新产业也许不会主动阻碍非高加索人进行消费，因为在涉及旧式贪欲的时候，创新产业又会变得很民主，但也不一定会献殷勤。如果很不幸，你上年纪了或者伤残了，而那些解决疑难杂症的口头禅又没有在你身上得到兑现，你也不要感到惊讶。打起精神来，家里还有很多智能科技呢，就是为了优化你的猿人洞体验而发明的呢！

讲到大型企业或B2B的时候，前景就没那么惨淡了。科技能诊断出来的病超过了人类能发生的变异范围，针对老年人的产业门槛也不怎么存在了。即便如此，公司创新文化所创造出来的解决方案仍然没能充分利用人们的认知盈余，因为只关注看起来创新的想法，这些想法主要是年轻白人男性的想法，而不是所有员工的想法。实际来说，创新就是数量的竞争，想法最多的公司胜出。只考虑特殊群体的想法实际上也妨碍了自己，可怕的是有的公司还没意识到他们就是只考虑特殊群体。

超越男性，超越常规，超越陈腐

创新讨论中缺乏多样化并不只是道德或政治问题，对公司来说其实是三重威胁。这三重威胁就算没有交织起来，也会分别触及公司的底线。第一，创新中缺乏多样化只能将在创新上付出的努力引向相对有限的细分市场。第二，公司里的多样化程度低就直接引起了新奇想法的减少，因为有一个明显的事实：拥有各式各样背景与视角的人越多，能产生的想法就越多。第三，也是最可信的一点，数据显示，多样化和包容性对企业底线的积极影响是非常显著的。

2018年，麦肯锡公司发布报告《撬动多样化的潜力》（Delivering Through Diversity），展现了多样化对财政绩效的贡献。报告显示，如果公司员工的性别相对来说更多样，那么其表现会比同行好21%，也会更高效。不仅如此，如果公司员工的种族更多样，那么其表现会比同行好

33%。在商界，就算是0.001%也重要得很，前面说的那两个数据简直可以算是大变动了。数据是大变动，可是也不难理解。我是说，如果你忽略细分市场，限制公司里的创意萌发，发生这样的变动也是自然而然的。

所以我们就可以讲"多元股息"了，多元股息可以用来衡量高度多样化的公司里财政和其他指标的小幅度增加。

但这并不是说公司要是不多样化，指标就不会上涨，也是会上涨的。然而，多样化的公司很可能因为有更多的多元因素，所以指标状况也会更好。必须要指出的是，多样化其实比人们所认为的那样还要复杂与多元。多样性别和多样种族的确是多样化的主要类别，但还有其他类别的存在。

其实，我已经警告过人们不要只考虑这两种多样化。我合作过的许多公司，尤其是大一点的公司，都至少会有一点点关注我之前说的这两种多样化。然而，这种关注又会被其他东西所冲淡，比如说教育背景或者在公司里的"服役"时间。举个例子，我在和一家大保险公司合作的时候，我就指出，虽然他们努力想雇到更多样的员工，可是却又有个不成文的规定：公司把范围圈在了有"靠谱"教育背景的人内，也就是说公司几乎只从顶尖大学里招募多样化员工。同样的，这家公司想在员工升职机制中强调多样性，却也同样存在着奇怪的偏见，即只提拔那些在公司就职时间更长的老员工。换句话说，一旦员工在公司待了一段时间，也适应了公司文化，其自身的多样性也就不复存在了。

换句话说，在讲到多样化的时候，大多公司仍然有很大的进步空间。

我们如果真的想要创造深度创新文化，就需要真正的多样化，其中还包括认知多样性。但这样并不是就要削减或消除多样性别的重要性了，其实是要加强。雇用女性、提拔女性是不够的，因为在创新文化里，不管是内向女性还是外向女性、有没有特权背景、教育背景怎样、经历如何、年龄大小，我们都需要保证女性是受到尊重的，其话语也是受到聆听的。自然，女性有各种各样的种族背景，人们的认识也五花八门，有的人性别认同的方式很复杂，也有的人持有性别二元对立看法，觉得性别要和行为完全匹配。只有真正拥抱各种多样化才能够真的获得认知盈余。

创新团队已知事

单种栽培（monoculture）这个词源于农业，指在一块土地甚至在整个农场上就栽培一种作物的方法。现在这个词渐渐用来形容多样化程度低的系统了，而我在这里用这个词是想描述一些公司，在这些公司中，某个群体在数量或功能上占据主导作用。要想找一个单种栽培的好例子，我们可以随便看看创新产业每天都在赞扬的许多硅谷公司。虽然其中有很多公司也为自身的多样化付出了努力，但事实却是大多数公司（其中包括最著名的那些公司）仍然男性占主导地位，这些男性还通常有工程师学位，基本上是高加索人或亚洲人。有趣的是，这些公司大多无法维持之前的创新威名，有的公司还困难重重。

若有团队被贴上了"创新"的标签，你却不是其中一员，你就觉得自己不受重视、不受尊重，这会加重创新疲劳症，而这些公司目前的困境也就在情理之中了。比如说，只要人们还认为工程师具有创新能力，那公司里基本上其他团队都会有感到点创新疲劳。这也就是为什么心理安全（即单种栽培主体之外的人也能发声）常常可以作为创新的强力预示器。有趣的是，埃里森·瑞诺德兹（Alison Reynolds）和大卫·里维斯（David Lewis）所做的研究又显示，这只是一个方面而已。

有的团队具有高度心理安全感，这样的团队就是培养创意的好空间，常常展现出对创意的高度欣赏，也会考虑其他团队的想法。可是这并不意味着这些团队在好奇心试验上的评分就一定会很高。瑞诺德兹和里维斯称，团队必须还要有很高程度的认知多样性才可以在好奇心试验上得到高评分。"认知多样性"这个词语涉及的领域很广，瑞诺德兹和里维斯二人给它下了个定义——"视角或信息处理方式上的差异"，也就是说有高程度的认知多样性也就意味着有人跟你处理问题的方法非常不一样。他们又指出，这种形式的多样性并不和其他形式的多样性有直接联系，你很可能拥有一支各方面都很多样化的团队，可是这支团队就是没有认知多样性（因此也会受到限制）。

瑞诺德兹和里维斯因此认为，我们同时需要心理安全（保证创意不在日常中被扼杀）和认知多样性（保证创意得到最好的发展）。但是他们没有直接点明一点，一旦这两点都就位了，其他形式的多样性自然也就富有成效了，原因很多，包括但不限于对同一问题有更多视角以及能够发现隐藏着的问题或挑战。

谈尊重不和谐的艺术

在这节里，关于团队与创新的看法可能读起来都特别乐观，希望用和平、爱与和谐创造出一个类似伍德斯托克音乐节[①]（Woodstock）的活动。但事实却与之相去甚远。的确，有深度创造力的文化要求人们互相尊重。也确实，对想让人们参与到创新中的公司来说，心理安全是很重要的。但是这并不意味着什么事情都需要或者应该被给予笑脸或棒棒糖，事实恰恰相反。

关于团队工作的研究一次又一次地显示，一定程度的不和谐其实可以让团队变得更有创造力。若一个团队只有尊重和心理安全，团队就会变得平淡、乏味、缺乏创意。若一个团队里没有东西能调和不和谐与冲突，团队就会变得极其有害又无法控制。所以对一个团队来说，若想脱离肤浅创造的话，需要有**尊重不和谐的艺术**。这种艺术指的是团队用尊敬与互惠的态度来讨论困难与不同意见的系列行为。也就是说，不只是为了批评而批评。

为达到以上境界，多样性就是一个强大的动力，这可能让人觉得有点吃惊。认知多样存在的问题就在于人们不知道真正多样性的存在。反过来，这会让团队成员间的尊重受到削减，把不和谐推到问题层次之外。但是有了更"明显"的多样性后，以上过程就可以被弱化了，因为团队成员需要自己协商差异，也更可能去测试其他成员的猜想。

[①] 该音乐节在美国纽约州北部城镇伍德斯托克附近举行，是世界上最著名的系列性摇滚音乐节之一，主题是"和平、反战、博爱、平等"，标榜"音乐与艺术的结合"。

这种做法在团队层面上实施起来还是比较容易的，可在公司层面上就没那么容易了。领导者必须学习放宽思维的广度，从公司层面出发，思考文化间该如何协商"尊重不和谐"，不同模式的多样性又该如何共存与交融。

文化中介人的兴起

这一章里我一直在讲公司还有大量尚未利用的认知盈余，当前认知盈余受到创新里的肤浅做法、普遍创新疲劳症、次级文化和公司形式的抑制。我没说的是这种认知盈余会被隔离成孤岛或气泡，无法参与到创新的异花授粉（creative cross-pollination）这一重要环节里。放到公司层面上说，如果要创造具有深度创造力的文化，这也就意味着许多协商流程、翻译与经纪业务需要得以展开，这样才能让多样性实质化。

张秀津（Sujin Jang）在其关于多个团队创新表现的研究中关注到这个特定事实：要想彻底发挥多样性潜能，巧妙克服多文化合作中存在的潜在问题，需要文化中介人，这种类型的文化中介人可以凭借自身丰富的多文化经验来使交流变得更顺畅。张秀津表示，团队中若有人能担任如此中介人角色，明显就会更有创造力。这是因为文化中介可以让创意从不止一种的文化中迸发出来，也可以在更广义层面上加强创意分享与文化经验，这都能提高创意的输出。

再回过头去看看深度创新文化里的要素，一切就讲得通了。文化中介加强了互惠与团队之间的给予和索取，也加强了团队内部的尊重。文化中介人本身就能提升心理安全，能起到显著的积极作用。张秀津的研究尤其关注了种族和国家文化，基于此能轻易做出延伸。放到公司层面上说，公司可能需要许多类型的文化中介，就算有的公司呈现出的国家文化寥寥无几，也不例外。

这是因为一家公司内部有许多潜在的分歧与争论，这些需要公司自身独有的翻译模式去协调。年龄、教育背景或者社会经济背景，甚至是性格，都能为深度分享创意制造阻碍。要克服这些阻碍，常常需要大家的努力。我有段时间和一家软件公司合作，这家公司专门生产集成后台的产品，而产品的研发工作交给了软件工程师，人们对这种安排的信奉程度已经到了可笑的地步，觉得这就是软件工程师的身份标志。管理方面也有点让人摸不着头脑，因为其成员大多一没销售背景，二没行业经验，编码和软件也不会。岗位差距比其他任何因素都会影响到公司里的交流与创新，而公司的执行总裁还表示，在过去一年的时间里，情况越来越糟糕。

在我的采访中，一开始大家对问题的原因都不大清楚，编码团队和管理团队都没有给出任何意见。直到后来有人无意间说到一个叫迈克尔（Michael）的人走了之后，境况就越来越糟糕了。有的编码员表示同意这个观点，我和他们交谈了一下，发现迈克尔就只是个相对初级的编码员而已，好像也没有多重要，管理人员也没有马上发现迈克尔已经是团队核心了。管理团队里有人大笑着说，迈克尔人很好，还说："他算是个小书袋（nerd-whisperer）。"我问这句话是什么意思，他似乎想起了什么，就开始讲迈克尔过去常常会在会议上解释一些技术问题，"每个人还都听得懂"。迈克尔也会向下属传达管理层的意愿。我向其他程序设计员求证，他们都同意迈克尔很擅长理解"管理层说的一些废话"。换句话说，这家公司还什么都没意识到的时候，就损失了一位重要的文化中介。

一班子文化中介人

因此，一家公司可能就需要一整个班子的文化中介人了。显而易见，管理层就该时刻留意公司各部分（里和外）的创意，但这常常还不够。领导要做的是识别之前所说的迈克尔那类人，虽然这些人不一定就在公司做团队间与障碍间的中介工作。

尤其在和较大公司合作的时候，我常常会鼓励执行总裁把担任这种非正式角色的人，尤其是那些可以把差异极大的团队给连接起来的人列出来。你可以放到自己的公司里想想，你公司里有没有那么个"小书袋"呢？有没有人可以把掌握信息技术或材料科学这种高端技术的人和销售或者人力资源方面的人联系起来呢？有没有人说年轻人的时髦话呢？有没有人可以把年轻些的员工和高管（甚至是董事会）联系起来呢？

并不是说这种工作就很简单，这种工作不能满是武断的命令。而正如张秀津所建议的那样，公司领导需要保证公司文化里有中介人的支持成分在内，当然同时也需要对担任此类角色的人表示尊重并给予奖励。那些在公司里担任各部门的交流传达作用的人会发现自己的工作量越来越大了，自己那么努力地工作，却一点实质性的补偿都没有，这种现象太常见了。

在这种情况下，就跟之前的种种情况一样，创新产业让我们曲解了创新与强健创新文化所需的元素。我们不需要更多模式了，我们大多时候也不需要更多倡议或竞争了。我们需要"清除坏想法",我们需要关注并滋养创意的文化,我们其实已经不需要管理力,也不需要同理心了。

同情的题外话

最近,社会理论圈里越来越多的人关注一个词,这个词在公司内部和管理研究上也越来越受到重视,大家对"情感共鸣"这个词有很浓厚的兴趣。我在这里呢,是要用到这个词在哲学上的含义,意思是若他人与我们处于一个情感状态,而这个情感状态又是我们常常经历的,我们往往不会多加分析,但是在情感上就会有所体现。如果这听起来还是很像术语,我再举个例子。你有没有走进过会议室之类的地方,觉得里面的气氛很凝重,可是自己又不知道为什么会这么觉得?或者说你有没有参加过派对,觉得来这样的地方就保证了你会很开心?抑或你有没有走进酒吧,觉得酒吧隐隐透着股阴森和危险?如果你没有以上体验,那你真的得要多出出门了;如果你有这些体验,那你就经历了情感共鸣,这个过程连你自己也说不上来。以上例子里的这些情感,我们常常不会刻意地通过分析获得,我们的身体有非常厉害的能力,能注意到微小的事物,并和某种情感联系起来。

这种联系可以是身体紧绷并面带假笑,昂首挺胸地和他人牵手,也可以是小小的抽搐,但我们常常通过直觉就能注意到这些动作。我在第二章里提出了微举动这个概念,也讲了微举动抑制并杀死创新文化的能力。而同情作为一种情感,就可以成为微举动的正面例子来讲。与他人一同享有关爱的情感，其实我们一直在经历这种开放的形式，可是却没有进行过多的阐述。

文化中介人起到的作用便是开阔人们的视野，他们可以用另一种方式来理解世界，让人们知道我们每个人都是带着偏见与已有经验的。做到了这点后，先是团队，后是公司，就可以对他人的创意持更开放的态度，对有分歧的意见会表示更多的尊重，对融入给予和索取这个互惠的过程也会更有准备。这并不是通过编程就可以实现的，也不可以轻易测量，在公司里这些事都需要**感受**。当公司里人们的眼神交流与手势、语言交流一样多了，人们也不只关注创意，还关注人本身，你就知道你已经成功了。

从多样化到影响力

> 多样性并不是在公司可承担范围内增加可能多的东西，
> 而是创新文化中至关重要的一部分。

方式一致，视角一致，还得有一定受到尊重的不和谐，也得有不同出发点之间的中介人，深度创新才会出现。你创造出来的也许只是肤浅创新，就跟如今硅谷极乐男权里常常会出现的仿效创新一样。深度创新需要公司不仅要有深度的专门知识，这些知识还得散发活力，公司员工拥有尊重并利用这些知识的同理心。

这也就是多样性和创新公司意义发生连接的地方了。单一文化间的焦点及其共同具备的视角很快就会变为表面功夫，变为目光短浅。这导致了很多创业公司一开始势头强劲，却一直无法成为稳定发展的公司。若一家公司被逼着去关注自身核心团队与初始顾客群体，那一开始是优势的东西马上就成了硬伤。想想优步或者WeWork①，这两家公司都呈现出爆发式增长，但也有人批评这两家公司是"兄弟会式文化"。虽然这两家公司估价很高，但是时间一久，也得应付一些"是不是把舒适生活卖给已经享有特权的人才是他们的商业模式"这样的问题。

此种情境许多创新书籍里也会写，书里会讲讲创新，讲讲低收入的困境，再讲讲看起来很矛盾的单亲妈妈。后者也许真的存在问题，可是这种问题肤浅创新文化根本就没兴趣去解决。那么同样的，问题也出在弱势群体上，包括但不限于退伍军人、老年人、无数受歧视的人、移民和越来越多具有农村背景的人。这些群体在创新团队中所占的比例是有限的（就更别提创新书籍了），因此特权只会一遍又一遍地得到重申。我得先说明，我说这些话并不是要攻击那些设计师，他们设计出了让我这样富裕的城里人能舒适一点的东西，虽然我的生活已经很舒适了。哪里的钱好赚，公司就会去哪里。然而，我想说我们嘴里的创新其实并不是为了所有人好，常常只是为有明确界限的某个群体好而已。这个群体里的子女之后可以去对的学校，然后进入创新团队，再创造出下一代让城里人感到舒适的服务。

因此，我们又回到了创新该如何突破盲点的问题。虽然这里提到的边缘化群体常常被创新产业忽略，但是这也并不意味着他们就没有巨大

---

① WeWork联合办公空间创立于纽约，致力于创造一个世界，让人人都能为所爱的工作而努力。

的创新机会。看看AARP（美国退休人员协会，America Association of Retired Persons）和牛津经济研究院（Oxford Economics）共同发表的一篇报告——《长寿经济》（"The Longevity Economy"）。报告预计到2040年，美国来自50岁以上群体的消费会上升58%，而那时候25~50岁的人的消费只占24%。不需要天才，也不需要教授（或者说天才教授，虽然很少见），我们就可以知道这代表着什么。这甚至还算不上最糟糕的盲点。

让创新更有意义

回想一下，我们之前说过，从全球范围看，我们在创新上到底砸了多少钱。就算按最低水平估计，也有3000000000000美元，这个数字很吓人，这笔钱可以给地球上每个人发400美元了。要是把这笔钱给那些生活在极度贫困里的人，他们每个人几乎可以拿到4000美元。可是我们要是拿这笔钱来给我们买电动车岂不更好，所以就只能这样了。

当然，我们不能用这么简单的方法来分配这些钱。我不止一次地提到这笔钱，是想要提醒大家我们在全球范围内到底在创新上花了多少钱（注意，我这里讲的还是低估的价格）。如今，我们拥有那笔钱，我们拥有的高等人才数量也是前所未有的。每个拥有这本书的人基本上都有两台超级电脑（是的，你的智能手机也算），而且是至少两台。几乎每个生活在发达国家中的人如今能获取的信息可能用都用不过来，获取信息的地方常常就是我之前提到的那两台超级电脑。然而，就算如此，今年还是有80万的孩子死于……腹泻。的确，也是在这个世界里，科技乐观主义者把这个时代称为创新的黄金期，可是就算有这么多有钱人，我们还是无法保证孩子能喝上安全的水。

这就是为什么多样性和同情心不只是说着漂亮的想法，同时也是重新把创新本该有的意义带回来的重要部分。两者可以带来多样化视角，向创新产业里那些冠冕堂皇的故事发起挑战；两者还可以抵制没认真考虑便大加赞赏的创新言论。所以我们现在需要回到勇气，回到意义，回到抱负。要是你想的话，创新可以不只是废话。

Innovation for the Fatigued

How to Build a Culture of Deep Creativity

06

让创新有弹性

意义、目标、抱负与勇气

Innovation
for
the Fatigued

我们不会通过文化中的公开琐事对文化进
行衡量，而会通过文化中的重要成分来做
出判断。

——尼尔·波兹曼

创新变成扯淡之时

1986年，哲学家哈里·法兰克福（Harry Frankfurt）曾写过一篇论文《论扯淡》（"On Bullshit"）。在论文里，他认为"扯淡"这个词语虽然听起来冒犯了别人，但是引发了有趣的哲学问题，尤其是这个现象传播范围还这么广。后来这篇论文作为一本书出版了，这本书小小的，还成了畅销书。他认为，"扯淡"这个词不是失礼的词，相反，这个词用来描述一种和真理的关系是相当合适的。法兰克福指出，扯淡很有意思的一点是它不是谎话。谎话是种错误的论述，说话人在说的时候就知道这种论述是错误的，之后若再核实一下证据的话，会发现和证据相左。比如说，我可以说我是个年轻的日本女孩，还是个拿过冠军的体操运动员。我知道我不是，而且老实说，不管是谁看到我，都会觉得我撒了个很没技术含量的谎。法兰克福说，谎话在某种程度上仍然可以看出和真理的某种关系，只是曲解了真理而已。

而另一方面，扯淡就完全是另一回事了。用法兰克福的话来说，扯淡"和真理所关注之事一点关系都没有"。人们在想要说服听众的时候就会用到扯淡，但不一定就和手头上的事有关系。扯淡的一大突出特点就是可以提升扯淡人在他人眼中的形象。政客口中的空话、教授浮夸的用词、神父空洞的布道，这些都是扯淡的例子。在这种情境下，言语就不再是真理或假话的载体，是空谈而已，目的是让观众感到印象深刻或者受到迷惑。

如今我们都知道商业上有很多空谈，也有很多书整本整本地讲这些话题。我朋友安德烈·斯派瑟（Andre Spicer）就写了本书叫《商业扯淡》

（*Business Bullshit*），我们可以一起回忆下之前个人经历过的所有糟糕的
案例。在我们现在的特定语境中，到底有多少创新扯淡，这是个有趣的问
题。有空洞的词汇，有花哨的科技，也有持续的错误引用，其实整个项目
都是创新扯淡。

陷入创新空谈

2013年，我和一家大型零售公司一起做了个项目。这家公司里的高
层团队都深深为最初由克莱顿·克里斯坦森（Clayton Christensen）提
出的颠覆式创新理论（disruptive innovation）所吸引，可是这个理论随
后被一群管理顾问误读了。这家公司的高管偏爱一位穿着体面又有创新著
作的英国男性。所有公司开会都会兴致勃勃地请他过来做主旨演讲，或者
请他给公司的管理团队开个研讨班。而他呢，在研讨班上会一再敦促团队
要"更具颠覆性"。这种做法本身并没有什么问题，然而，出问题的是他
对"颠覆性"的定义时不时就会发生彻底改变。他在主旨演讲的时候会让
听众去"挑战一切事物"，还会列出几家当下流行的公司和（或）它们的
产品，作为"颠覆性创新者"的例子来讲。可是这些公司包括引入全新产
品的公司、为提价而增加服务的公司、产品还没上市便大甩卖的公司和一
些有其他情况的公司。我就只是个小小的创新教授，除了慧眼如炬的顾问
坚持以上公司都是创新者，我实在是想不出有什么理由能产生这种组合。
在他的幻灯片上创新是被放在中心的，其他功能围绕着创新旋转，常常都
是顺时针旋转。幻灯片上还会标上顺时针旋转的箭头，许许多多的箭头。

如果你没被激怒，反而觉得有趣，他还会讲创新应该要放在公司竞争力的核心，而同时，创新也是可以"炸掉"公司基础的力量。可他没有讲清楚的是，要是把炸药放在核心区域，那建造起来的公司结构该如何保持稳固呢？

在研讨班里，类似平淡无味的东西也会出现，只不过顾问在讲的时候就没有那么浮夸了。这种情况下的顾问更关注的是"与众不同"这句老话。他会说，"与众不同"是颠覆性创新的核心要义。现在要是让克莱顿·克里斯坦森（Clayton Christensen）听到这样的言论，他也许要吓一跳，因为他的理论被故意误用了。一开始他构建的理论讲的是要做一些有惊人相似度的产品，但要有转折发生，产品才会为新市场所接受，或者正如他自己所说：

> 一般来说，颠覆性创新并不涉及特别复杂的技术变革，其主要表现形式就是将成品元件组装在一起，但相比之前的产品，产品结构通常会变得更加简单。颠覆性创新并不能为主流市场的客户提供更好的产品，因此这种创新首先发生在主流市场的可能性很小。相反，破坏性创新提供的是一种完全不同的产品组合，只有远离主流市场或对主流市场没有太大意义的新兴市场，客户才会重视这些产品组合的属性。[1]

---

① 克莱顿·克里斯坦森著：《创新者的窘境》，胡建桥译，中信出版社，2010年。

可以这么说，与众"不同"也囊括了此类例子，但是这个故事里的顾问却不受理论中的细节限制。相反，顾问还力劝管理团队要考虑"所有可能性，尤其是疯狂的可能性"，力劝他们应被世人看作"零售业狂人"。要是团队里出现了个不够激情澎湃的人，就会有人告诉他，颠覆性创新理论证明了只有那些全身心投入"先人一步颠覆当下业务"的事业中去的公司才能得以幸存。这种类似对创新理论的误传让人感到困惑不解，却也可以传播一段时间。如果你对这些创新理论还感兴趣的话，你得知道这些误传可比原作者想传达的要无趣得多。最后，创新专家还会指出几点来结束研讨班：公司需要发展"每天都会发生变革"的文化，发展"错误得到赞美"的文化，发展"更快失败"的文化，发展"一直颠覆"的文化。

我们在这里讲到的专家就是个典型的扯淡者。先指出，他是看过一些创新理论，至少我觉得他也是理解了所读的东西。就算他说的很多东西变了样，但至少对他来说是真理的精华了。他尤为擅长重复我们希望从创新言论中听到的东西，他还会提到很多著名的思想家和公司的执行总裁来支持他的论点。换句话说，他的步骤都对，说的东西都对，提到的人也对，可这些对的东西合起来就不连贯了。从某种意义上说，他陷入了创新的空谈，但对他来说似乎就足够了。意义和连贯对他来说一点都不重要，重要的是通过对的标志性姿态来使自己成为领域里的专家，所以他在做主旨演讲的时候就算说了很多南辕北辙又自相矛盾的观点也无所谓，他只需要说一句"创新就要接受悖论"，就可以回避掉问题。

让意义回归

我们之前说的那种创新扯淡妥妥地让"意义"这个概念空洞化了。什么东西都能叫创新的时候，"创新"这个词也就慢慢失去了意义，成了制造空洞的机器——用更多的资源来表明地位，什么东西时髦就做什么东西，其他的不予考虑。"创新"成了个标签，不管东西多么没意义，都可以被贴上。就比如BlacksocksTM①开发的智能袜子，还很多余地给它冠上"Plus+"的名字。这袜子就是普通的黑色袜子，只是里面装了传感器，可以和你手机里一款APP配对，传递信息。这项创新有很多好处，比如说帮助袜子分类与配对，还可以检查袜子清洗的频率，更别提APP还可以告诉你"袜子的黑度下降，该买新袜子了"。这种做法其实就过度解决了根本不是问题的问题。在一个创新开始跟意义和理解搭不上边的世界里，这样的做法也就自然而然产生了。

> **什么东西都能叫创新的时候，**
> **"创新"这个词也就慢慢失去了意义。**

我现在想说的是，创新疲劳症其实可以看作是越来越棘手的病症，而以上问题都与之相关。如果我们以更全面的眼光来看待商界，就会发现其实数个研究中都有一个很重要的事实，那就是人们不再觉得自己的工作或

---

① 一家欧洲小型网络商店，专卖"黑袜子"，价格高昂，采用"定期送到家"的服务模式。

者说自己的公司是有意义的。大卫·格雷伯（David Graeber）是个激进的美国人类学家，在他的著作《扯淡职业论》（*Bullshit Jobs: A Theory*）中就敏锐地捕捉到了这个"时代思潮"。他认为如今的许多工作都是相当没意义的，其存在的主要目标就是让人们保持忙碌的状态，让公司看起来很有实力。他似乎还认为比如说所有的金融服务，更别说公共关系了，一点意义都没有。他的观点虽然有点极端，但也成功表达了许多人都共同拥有的一种感觉。那些职业都是扯淡职业（也包括创新产业），而且在现代工作中渐渐失去了意义，创新圈也是这样。盖洛普咨询公司（Gallup）之前进行过一次调查，结果显示全球只有15%的员工享受自己的工作，剩下的那些人要么不享受，要么很被动。每3个员工里就有2个员工可以归入对工作漠不关心的类型，这会带来很多问题。

如果你在工作中经历了意义缺乏，那你的工作会有很多的苦恼。研究也已经显示这会导致生产效率的下降，旷工率以及离职率的升高。如果这里说的哪件事让你感到吃惊，那么你可能就是问题的一部分，虽然这些问题还是没有得到足够的重视。经历过创新意义的缺失，加上没有得到足够重视，人们就变得沮丧又悲观。有这样感觉的人达到一定数量之后，这种感觉又会开始影响公司文化本身。

意义、目标与领导力

对领导者来说，保证培育与发展创意的基本价值观是很重要的，同时公司也得有必要的多样性，得有用想象力思考的意愿，同时又需要让创新变得有意义。虽然很多执行总裁觉得这些都是不言而喻的，但数据显示的情况却全然不同。之前我就说过，只有1/3的员工觉得自己是享受工作的。在讲到创新的时候，情况也没有好多少。事实上，有许多事例展露出来的东西恰恰相反。

公司若想取得成功，就必须少从宏观的角度思考创新，多想想公司创新的目标是什么。

虽然"目标"这个词在广义的管理书籍中广为传播，但是在畅销的创新书籍中起到的作用就没有那么显著了。这和创新的概念相一致，因为创新天生就是可行的，这也是创新本身就能在创新产业中流行起来的原因。然而，这又让公司高管有了一个习惯：他们只会简单地要求公司变得更有创造力，动机仍然是盈利，也没有说清楚为什么公司需要创新。这个习惯再加上商界的其他几个习惯，就产生大量明显并不创新的"创新"。

这里有一个例子，展现了有限的发展如何成为多数公司寻求创新的蓝图。大众话语中出现的一些流行词，比如说**数字化、商业模型**和**免费增值**，都和创新有密切联系。结果，我们看着公司希望在免费增值上玩出花样来，无休无止地把精力集中在商业模式画布图上，然后没完没了地推出更多APP。iTunes商店里已经有超过80万款游戏了，可是就没有几款真的是原创的。同样的，还有250万款APP主要都是APP内购买项目，接二连三的一大堆一样的东西，一样的东西，一样的东西，没完没了。

我们要是不清楚手头所做之事的目标，就会腻，我们也只会关注一下创新的表面质量。我们听说区块链就是创新，于是我们就试着去使用区块链；我们听说有APP就是创新，于是我们就试着去推出APP。但是这么一来，我们其实是在模仿创新而已，更糟糕的是，我们模仿的还是他人的创新。为了打破这种模仿，我们需要大力抵制废话，并找到一些可以让公司文化里的创新变得更有意义的事情。

创新文化因意义而繁荣

当然，目标可以带动创新的言论不全是我的原创。安永①（EY）和哈佛商学院（Harvard Business School）、经济学人智库（Economist Intelligence Unit）之类的机构有过合作。长期以来，安永在带动业务的过程中就一直非常支持以目标驱动业务发展的需求。他们对高管进行了一番调查，发现有63.4%的高管表示目标对创新能力起到了支持作用，对颠覆的应对能力也起到了帮助作用。哈佛商业评论分析服务公司（Harvard Business Review Analytic Services）开展了另一项研究，发现参与调查的高管中，有73%表示目标可以带动创新与积极变化。可即便如此，虽然人们常说目标对商业来说很重要，但是这并不总会转化为有意义的行动。

这类公司中，我个人最喜欢一家美国公司。我曾经为这家公司做过主旨演讲，随后便有了和公司执行总裁吃饭的机会。他很喜欢社交，说了很

---

① 世界四大会计师事务所之一。

多我演讲的好话。他还尤其注意听了我强调目标明确对想要创新的公司来说是非常重要的。他说他完全赞同我的说法，也正是因为这个，他要保证公司里的每个人都知道公司的目标是什么。我让他分享一下，他毫不谦虚地说了句："优秀！"我有点困惑，就问是什么意思。于是他继续解释道，他说公司里每个人做的每件事的目标就是优秀。我真的是不知道要说些什么了。虽然我觉得优秀在技术层面的确可以称为目标，但是对公司来说，显然不是长久之计。想想看，人家让你"创新"（其实就是什么事情都包括在内），还告诉你要达到"优秀"的目标。你很可能就直接放弃了，因为你得到的指导只是空洞的口号而已，这口号的要求还高得很。

再看看Bempu公司，这家公司是一家新生儿护理公司，尤其关注印度的新生儿护理，其主打产品是一款低价婴儿手环，可以监控婴儿在头几个月里的体温。这款手环其实是婴儿低温症的警报系统。低温症在发展中国家是婴儿致死率最高的病症，对孩子的后期成长也会有影响。创立者图尔·纳拉因（Ratul Narain）说道：

> 我想创造一些有巨大影响的东西。在新生儿领域，我们想尽力做出一些对人们生活有重大影响的东西。如果你让婴儿的存活率有了提升，其实也就对他们未来60~80年的生活产生了巨大影响。

这样的目标其实也能在这家公司的口号中得到体现——"只为拯救生命"（Simply saving lives）。目标在鲜活的生命所承担的价值观中得到了丰富，让公司可以扩大自己创新产品的影响力，也可以传达有意义的创新信息。一般从理论上说，有什么能比参与到拯救生命或者鼓舞人心中去更优秀呢？

足够压力即可

在本书的引言部分，我们讨论了创新文化可能存在的形式，然后我们又强调了肤浅与炫耀式创新文化。这两种创新文化更为关心的是新意，而不是影响力，更关注所做的创新能不能产生更好的公共关系，而不是实际所能产生的影响。而让这两种文化止步不前的也正是这两种文化把更多的精力放在创新的新意上，而不是创新可能拥有的影响力上。简单地说，这两种文化代表了没什么**创新抱负**的创新文化。

抱负在创新中提供了动力。这理解起来很容易，而规劝人们要有抱负也很容易就会规劝过度。创新需要很多其他的东西，什么都没有固然是件坏事，可是每个东西都有，量还很大，也不见得就是一件好事。创造力方面的研究显示，最理想的结果常常都是从限制中产生，而不是从完全自由中产生。一个地方要是太忙，创造力会受到限制，要是太闲，创造力也会受到限制。战略上也是一样的结果。战略研究员卡斯腾·隆德·彼得森（Carsten Lund Pedersen）和托马斯·李特（Thomas Ritter）就曾提出，战略的执行包含紧张因素与战略压力。紧张与压力水平过低的话，比如说轻易执行了战略，目标不费吹灰之力便能取得，公司就会经历"战略无聊期"。可从另一方面看，如果公司制定的战略不切实际，是市场力量在推着公司前进，而不是制订的计划引导公司前进，那么公司又会经历"战略倦怠期"。最好的情况就是在执行战略的时候能感受到足够的压力与紧张，公司和个人都觉得自己在执行战略时要找到平衡点还是有点难的。

抱负这个动力也在创新中耗完了自己的能量。创新这个概念已经变得很模糊了，要在管理沟通中辨别什么才是真正需要的创新！这也常常加剧了动力上存在的问题。换句话说，执行总裁希望公司里的每个人都具有创新性思考方式，公司里可能会有一系列反应：有的人是无聊，有的人是倦怠。如果总裁没有细讲，通常就会引起困惑。这里有个小技巧，就是要找到清晰的例子来说明想要达到哪种程度、哪种类型和哪种特点的创新，用这些例子来找到平衡点。换句话说，**领导必须学习如何用契合公司目标的方法来传达创新抱负，话语要给员工提供能量，而不是空洞得让人失去信心。**

创新抱负

创新抱负可以从两个层面进行理解。在广泛的社会层面上，我们可以讨论一下当下备受赞赏的公司创新抱负水平如何。在这里，我们也许会说一双 Plus+ 黑袜子，或者是另一款能让你分享照片的免费 APP，它们的创新抱负水平是相当低的。这些产品蕴含的科技解决手段也许很精彩，也许非常追求用户体验，但是单凭产品本身我们就可以知道这些并不是有影响力的创新。我们还可以进一步对创新抱负进行讨论：我们希望公司与企业的创新抱负达到什么样的程度呢？或者回到之前的问题，社会该有的

ROII^① 又该是什么样呢？

放到企业层面来说，创新抱负保证了创新与企业目标的连接，不让创新处于肤浅的实践水平，不让创新设计出来的主要目的成为展示公司契合流行的创新意识形态。可以把创新抱负理解为衡量指标，衡量公司目前所做的是否能被称为"创新"，又是否能成为对营销工厂来说更有价值的东西。我们再回过头来看看家乐氏公司这个案例，想想把推出花生酱味的塔塔饼称之为创新，这个想法最好的回应就是难以置信地哄堂大笑。但哄堂大笑过后，就会引发一场围绕"公司追求的创新目标究竟是什么"而展开的激烈讨论，这里的创新目标超出了增加销售量，也超出了部分媒体提到的目标范围。这对家乐氏的创新文化来说，是受益匪浅的。

"创新抱负"这个词语代表的不是公司就应该达到哪个指定层面。这种创新概念若是有创新专家坐镇可能还行得通，但是其本身却有着致命的缺陷。衡量创新的标准往往都不简单，所以公司里设定的目标也不同于定下的具体专利数或额外营业额。相反，就算公司目标是提高盈利、申请一堆专利，也应该经过公开讨论，讨论哪里还不够好，讨论什么样的创新言论不过是表面精彩而已。从这样的讨论中，我们就可以通过深入了解公司的目标、避免设立不可能完成的任务以及避免创新疲劳症，来逐渐找到有意义的创新抱负。

我最喜欢的一个案例就是安特洁公司（Anti-Germ）。这是一家食品安全领导企业，如今在德国梅明根（Memmingen）是食品安全领域

---

① 创新投资回报，不一定只指经济上的回报。

的顶级国际企业，提供的产品有洗涤剂、消毒剂以及针对乳品公司、农场、食品工厂与饮料工厂的服务。其执行总裁马蒂亚斯·科特（Matthias Kötter）就公开承认在杀菌防霉剂（要抑制高浓度的有毒物质，比如说食物里的细菌与真菌）作用非常明显的产业里工作是个挑战，因此安特洁子公司美丹泰克（Medentech）的产品Aquatabs饮用水杀菌消毒净水片的作用就得到了凸显。这些净水片价格低廉，通过简单操作就能在饮用水受到污染的国家得到可饮用的水。这可能是如今世界领先的净水片了，一些贫困国家里的国际非政府组织用的就是这种净水片。这种净水片已经拯救了不计其数的生命，也确实减少了死于腹泻的儿童数量。

在这里，我觉得有必要指出像这样的一款产品对整体文化产生的影响是巨大的。这家公司没有拘泥于食品产业，而是想要强调企业更为远大的抱负，且并不满足于让饮料只达到官方标准。换句话说，该公司想要通过创新来强化公司的创造力文化。有像Aquatabs这样的创新产品，有像马蒂亚斯·科特这样支持自家创新产品的执行总裁（不管是碰到谁，如果那个人要去没有多少安全饮用水的地方，他就会提供自家的净水片），安特洁公司强有力地证实，就算你的公司不属于信息技术或者媒体那样充满魅力的产业，创新也可以远不止是跟风。当然，这个创新也只是化学制品而已，但这是拯救了孩子性命的化学制品。

浅水区的安全

在这节，我们会讲到为什么待在肤浅创新区、待在跟风创新区会比较容易，为什么安特洁公司会把资源都投入利润不是那么巨大的创新上，为什么不用这些资源来打造世界上第一款基于区块链操作平台的APP。简而言之，因为这家公司有抱负、有勇气。肤浅创新当然更为安全，会建立起更多的公共关系，不用和那么多非政府组织协商，也没有那么多物流问题。其实，大多数创新顾问也都会建议肤浅创新，因为在创新产业里数字化会得到赞扬，却提都不会提那些死于不安全饮用水的孩子们。

问题背后的真相是，肤浅创新比深度创新安全多了。肤浅创新也能轻易就被看作创新，媒体更有可能写出积极的评论性文章来，重要的股东可能点头赞赏，金融投资也更有可能进行奖励性举动。而在名气没有那么大的创新项目里，想象力越丰富，就越可能遇到阻力与反对。

肤浅创新容易多了。有一篇具有里程碑意义的文章《重新审视铁笼：组织领域的制度同构与集体理性》（"The Iron Cage Revisited: Institutional Isomorphism and Collective Rationality in Organizational Fields"），瓦尔特·W.鲍威尔（Walter W. Powell）和保罗·J.迪马乔（Poul J. DiMaggio）在其中就强调企业其实会留意并观察竞争对手的下一步计划并分析其具体表现。这就引起了企业之间的持续抄袭，或者用学术话语表述为"模仿性同构"。一家企业开了一家网店，于是其他企业都打算开网店；一家企业说正在研究区块链技术，于是突然间对区块链技术顾问的需求就直线式上升了。这单纯只是因为实行可敬对手已经接受了的创新要比全新的创新容易。

一场关于抱负、胆量与勇气的谈话就可以打破这样的局面，可以让创新文化不再局限于什么样的创新能赢得奖励和赞誉，而开始思考影响力和更深入的问题。

大胆与细心

光看抱负的定义，我们就知道要实现抱负是很难的；而光看大胆的定义，我们就知道要做到大胆简直难得可怕。

大胆与细心都需要勇气，但不是有勇无谋的鲁莽，也不是冲到起火的大楼里救孩子的无畏，要的不过就是勇气而已。有了这种勇气，人们就敢做略微困难的事情了，或者做并没有那么多人点头赞赏或支持声援的事情。许多管理者想要创造有深度创新的文化，这也就意味着要为他人建立勇气的基础。管理者需要好好关注培育勇气，以契合我们已经说过的尊重文化与责任文化。

把我这里所说的勇气理解成一种元勇气，理解成一系列能够释放公司潜力或者胆量的准则，可能最合适不过了。每当我遇到一家受创新疲劳症困扰的公司时，我总是提醒自己：这并不意味着公司里的人都反对变化，也不是说公司里的人就都没胆量或没想象力。相反，我知道事实并非如此，其实他们都有大胆的想法，只是公司追求实在、追求现实，让他们失去了信心。从理论上说，他们仍然具有勇气，只是失望太多次了，所以他们不想再将勇气付诸行动了，至少不在上班的地方这样做了。若仍然想让公司具有创新抱负的话，睿智的管理者就会关注这类人。

为了做到这点，我发现经理和高管若要打造更大胆的文化，就必须要关注三种勇气。这三种勇气并没有涵盖所有，仍然有建立激励机制和给予持续鼓励的必要，可这些勇气虽然十分重要，却常常为人所遗忘或误解。这三种勇气是：

1. 允许的勇气；
2. 拒绝的勇气；
3. 管理的勇气。

在之后的章节里，我会细讲这三种勇气的含义，解释为什么这三种勇气在把意义重新带回公司的创新实践的过程中能起到重要作用，为什么我们有的时候需要做一些看似违背建立勇气文化的事情。

允许的勇气

我心目中有一个永恒的英雄，她就是"惊奇"格蕾丝·霍珀（Grace Hopper）。她是真正的编程先驱，但也惹是生非。她创造了首个编译器，编译器对COBOL（第一种真正的商用程序语言）的发展起到了关键作用。就算到了79岁，她仍是海军少将。如果以上成就不够，她还非常机智，她的至理名言是："请求原谅总是比得到许可更容易。"（It's always easier to ask forgiveness than it is to get permission.）这句话带着点生活哲理的意味，似乎也定义了早期计算机技术中的深度创新文化。

我之所以在这里提这个，是因为让管理者苦苦挣扎的勇气是要允许员工没有明确许可也可以做事。就算我们早就知道赋权在参与变化、动力与欲望中起到非常重要的作用，但许多管理者仍然不愿放手旧时指挥控制式的逻辑。虽然大部分公司在讲到委托或赋权的时候都讲得很好听，可是在实际操作的时候，若员工自行解决问题，大部分公司的态度还是很差的，通常是公开或私下对其进行一顿责骂，告诉员工不要觉得创新就是做一些新鲜事。

可是最佳的创新领导者是不会这么做的。我们都听说过在有的公司，若有顾客投诉，员工可以使用已获得批准的预算来解决问题；有的公司员工可以匀出一点工作时间来做自己的项目。这些都是有益的事，可是若员工真的为寻求创新而没做好本职工作，公司又该如何应对，这才是对一家公司胆量的真正考验。如果你是管理者，若员工冒了个险，可你没授权，你会惩罚他吗？还是说你会把他作为一个正面例子？你是如何看待许可与原谅这两个问题的？

当然，有很多创新者在追求新事物的时候把握好了可接受与欺骗性的分寸。理查德·布兰森①（Richard Branson）就鼓励打破常规与特立独行；托马斯·阿尔瓦·爱迪生（Thomas Alva Edison）在努力打造创新帝国的时候，曾以不注重道德与法律细节而闻名。可是，若员工也这么随心所欲，许多公司就会觉得很难办。我之前研究过一家公司，这家公司的执行总裁就用了一种颇具创造性的方法来解决这个问题。

----

① 英国最大的私有企业维珍集团创始人。

　　那时候我要在这家公司的内部会议上做主旨演讲，我到了以后有人告诉我我的发言被总裁略微推迟了，因为有一位员工要当着公司所有经理的面"解释自己"，我便目睹了那位总裁的创造性方法。那位员工在公司里开展了一个项目，他在这个项目里自由使用了一部分预算，最后这个项目失败了，所以就想讲讲这件事。他一点都不激动，我完全可以感受到他的这种情绪，尤其是我真的不大想把这作为我主旨演讲前的"热身"，可是总裁仍然坚持。那位员工鲍勃（不是他的真实姓名）的讲话不大令人愉快，结结巴巴又支支吾吾。台下的观众一声不吭地听完了他的讲话，随后总裁上了台。

　　总裁自信地大踏步上了台，没有走向鲍勃，鲍勃看起来都要晕过去了。总裁指着鲍勃，严肃地说："我不喜欢亏本。"全场寂静。然后总裁转过了身，面向经理们，大声说："但是我更不喜欢的是这里没有几个人有这个人的胆量与勇气。"之后他在大家的喊叫声和欢呼声中宣布为鲍勃准备的晋升与奖金事宜。好吧，喊叫声和欢呼声中并没有我，而要做到这位总裁这样并非易事。

　　很明显，我讲这个故事是想强调允许的勇气，允许打破常规。就算失败了，也仍能觉得这样的行为值得奖励。领导这样的行为可以在企业里培养勇气，让人们觉得高管在鼓励人们冒险、创新的时候，是发自内心，而不是随口一说。

拒绝的勇气

如果培养有勇气的文化跟直接奖励打破常规一样简单的话，就谁都可以培养了。显然，管理者就像在走钢丝，在生产风险与浪费资源之间摇摆，需要小心谨慎。但有的时候似是而非的东西能让管理者的工作变得更加复杂，因为在创新上能做到的最有勇气的事就是拒绝创新。我已经讲过要拒绝弥漫于整个创新产业的表面又肤浅的废话，但有的时候拒绝的对象需要扩展到整体的创新。如果创新专家要对某件事表示同意，那就会是这句话的一些变体形式："创新应该要常态化，公司里应该每天都出现创新，创新可以说是公司日常业务的一部分了。"可惜的是，这句话所说的东西只是幻想而已，有的时候还是危险的幻想。

创新之所以强大，主要是因为创新打破了事物的常态。就像吃汉堡一样，每天都吃反而没那么令人愉悦了。因此，创新只有在还没有成为例行公事，还没有成为持续苦干的过程时，才是最有力量的。即便如此，许多高管似乎认为创新应该成为重复性的事务，但是许多人觉得自己的工作已经是重复性的事务了。而高管的这种观点带来的危险常常都会被弱化，或者被完全忽略。当代创新疲劳症盛行的核心原因是现代管理者无法准确区分寻常商务和创新，前者需要一定的控制与少量的预测，而后者需要与控制和预测保持距离。可惜的是，人们对这个基本的矛盾却没有足够的认识。

有的公司如果选择忽略平稳运转与持续创新之间的矛盾，那么很快就会发现难以区别这两个体系之间的需求，从而感到困惑与不知所措。你是该忽略还是支持公司的核心竞争力？经验和联系是好事还是坏事？正如大多数顶层管理者所知道的那样，这种问题的答案是"要忽略，也要支持""是好事，也是坏事"。可是管理思维设计出来并不是为了解决这种复杂问题。

创新有时还真是回事儿

我知道的高管中最让人赞叹的是一家采掘工业机械制造公司的执行总裁。这家公司提供给客户的都是高质量技术，而且这一块做得非常好。但客户反映这家公司的创新总让他们觉得还有可提升的空间，董事会成员似乎也都这么觉得。这家公司的执行总裁新上任，他说他其实是公司第二代总裁，到这里工作就是为了让公司变得更有创新力。他的前任在职期间非常活跃，开展了数个计划，可大多数计划都陷入了困境。他经过快速分析，发现项目资源不够，主要原因是创新项目太多了，人们根本就没时间去参与每个项目。在我们的谈话中，这位总裁说虽然他那时候没有提过半个字，但是公司在经历严重的创新疲劳症。

让每个人都感到吃惊的是，这位总裁叫停了公司里的所有创新项目。是的，你没看错。通过邮件和召开全体大会的形式，他暂停了一切公司里的创新活动，但并没有明令禁止创新，只是让人们把这些创意记录下来，以后再用。他说，现在公司关注的重点就只有日常业务。不出意外，他的做法遭到了抵抗，有几个创新狂热者指责他，说他要置公司于死地。他说，公司董事会也表达了同样的担忧。尽管如此，这位新上任的领导还是坚持了下来。过了他所预设的几个月后，公司里的创新实际上被冻结了，可是在随后的时间段里，创新又会成为主要的战略重点。

有的人可能会感到惊讶，但这完全在我的意料之中，这种激进的做法最后提高了公司整体的创新氛围。虽然有的创新狂热者仍在小声抱怨，但是公司里大部分人还是很开心的，因为这样就可以暂时缓解一些多余的创新计划的持续性压力。叫停计划后，人们可以得到一些多余的时间，处理一下堆积成山的问题，查看一下满是邮件的邮箱。会议效率也得到了提高，因为人们不需要一直跟进创新项目。人们做的工作优于基础任务，也就更享受工作了。

叫停了创新活动之后，没有多少创新继续进行下去了，至少不公开进行了。然而有趣的是，创新叫停期结束的时候，总裁宣布创新项目可以、也应该重新开始了，整个公司里的能量发生了大转变：人们自愿重新加入创新团队，经理说项目组现在看起来充满能量，创意的水准也有了显著提高。很明显，人们在创新叫停期间一直在持续记录新创意，也不急于分享。此中原因很简单，就跟其他人类活动一样，休息是一件非常好的事情。休息过后就会充满能量，也会让自己更加享受工作。不管是吃汉堡、喝酒还是创新，都这样。

所以，有的时候，一家公司最大胆的事情就是拒绝创新！但这个拒绝不是完全拒绝，也不是一直拒绝，而是为了让创新能够保持一些特殊和有意义的东西。不要持续地提出要求，施加压力，这样只会加剧疲劳症。这种拒绝也许是公司里最大胆的事情了吧。其实，没完没了地谈论创新常常就会扼杀创新所推崇的东西，而修整片刻、拒绝"寻常创新"，也许是一个管理者能做到的最具勇气的事了。

有的时候，一家公司最大胆的事情就是拒绝创新！

管理的勇气

有了允许的勇气和拒绝的勇气之后，我们也需要承认培育勇敢文化的责任不只是顶层管理者的。我们之前已经谈及了公司每个成员都应该至少为创新文化承担一点责任，如果实在没什么可承担的话，至少可以声援创新文化。那还有的人不能完全算局外人，也不能完全算内行人，他们该怎么办呢？我在这里指的是董事会和咨询委员会。这两部分人在公司更为广泛的管理结构中的地位很重要，可是在谈论创新、谈论支持创新企业文化的时候，他们常常都会被排除在外（或者无法让他们参与其中）。

格鲁斯伯格（Groysberg）、郑又嘉（Cheng）和贝尔（Bell）对全球5000位企业董事会成员进行了调查。从创新管理的角度来看，研究结果相当让人失望：只有30%的人觉得创新是重大事宜，不足21%的人把科技变化视为主要的战略挑战。其实，在给战略挑战排名的时候，创新都没怎么进过前五。这个结果就表明，董事会认为自家公司已经解决了此类问题，但与我们之前提到过94%的总裁对创新投资的回报感到不满意形成了鲜明对比。

我们若要建立真正有勇气的文化，我们得知道，创新在这种文化中不仅仅是一系列期望实现的祈求，还需要整个公司管理层都参与其中。管理创新的勇气不仅仅是公司主管部门职能的一部分，也意味着要深度落实接受风险和承担责任这两个概念。若是只把允许试验的勇气看作一种计策，看作操纵员工情绪的方法，那是很简单。同样的，拒绝的勇气也可以视为一种计策，视为一种在表面上反其道而行之的举动。可是勇气若要真的嵌入公司文化中，那就需要大胆的管理结构，这种管理结构不能只看关键业绩指标。

但是董事会成立的时候却弱化了这种大胆的管理结构。照常规来说，选董事会成员的时候，看的一般是经验，是由经验带来的已知实践，而不是大胆的创意。这样的选人方法在最糟糕的情况下能让董事会变成把利益置于目标之前、把金钱置于意义之上的机构，可董事会在成立之初却是想鼓励前瞻性思维、鼓励战略前景思考的。如果情况真是这样的话，董事会并没有和公司的深度创新文化产生联系，也没有参与到深度创新文化的建设当中去，那很明显会带来的危险就是公司员工对这种文化的关注会不可避免地受到影响。有勇气的文化需要支持，而恐惧和过分谨慎的公司管理结构会从根本上影响员工对创新实践意义的感知度。

我也希望我现在可以说：我合作过的大多数董事会都是勇敢大胆的。可我要是这么说的话，就是在骗你们了。我实际合作过的董事会的目标是发现错误，而不是发现机遇，他们采取过去的旧标准，而不考虑采用未来可能达到的新标准。这也不一定是董事会成员的错，因为他们是被选出来的，董事会设立的目的就是如此。有错的是设计公司管理结构的人，他没能保证管理结构给公司带来勇气与意义。

第五个 R：弹性（resilience）

只有我之前所列的三种形式的勇气当然是不够的，但这三种勇气是公司抵挡变革之风的基础。我们生活在动荡的时代，新型科技推行的速度之快让人感到无所适从，全球政治反复无常又一片混乱。消费者的消费行为发生变化，本是社会基石的机构土崩瓦解，而新机构却又似乎在一夜之间冒了出来。也难怪很多商界的权威人士都说公司需要变得机敏、灵活、万能、易变。之前与我交谈过的许多执行总裁都表达过想让自己的公司能够灵活地进行重组，不管遇到什么情况，都能快速适应、快速转变。

然而，这只是难题的一部分。虽然灵活度和适应性的确是公司希望拥有的两个特质，可是单单只有这两个也是不够的。适应力极强的公司就跟雇佣兵似的，只要开价高、有弹药，上哪去打仗都行。这样的公司在短时间会很成功，就算到了中期，如果发展环境适宜的话成功也是可以延续下去的。可是正如你不能用雇佣兵来建设国家一样，单靠适应一切你也建立不了一家好公司。相反，公司的发展目标如果不只是赚快钱，就需要发展公司的弹性。

我这里用"弹性"这个词，指公司目标的核心，指让公司能够应对逆境与变化，甚至超越环境中一时流行的变化的特性。我之所以在这里讲要找到目标，要把目标转化为一系列有意义的行动，是因为太多关于创新的争论都只是想要迎合市场一时的流行趋势。

具有深度创新文化的公司是有弹性的，但这种弹性并不是来源于他们找到了什么创新魔力豆，而是因为他们知道为什么创新，知道创新和公司宗旨有什么联系，也知道要忽略肤浅的、迎合大众的、公司为优化公关而编造的东西。所以加强公司弹性并不是要变得更有"创新力"，重要的是要找到目标，重燃公司的抱负与勇气。本章列出的几条原则也正是其中的必要部分。关注意义，关注目标，你就可以让公司里的每一个人都能接受为什么要做现在做的事、现在做的事为什么很重要。让公司更有抱负，并施以适量压力，你就可以保证人们已经准备好多往前走1千米了，就算道路坎坷也无所谓。向公司上下都强调勇气，其中也包括强调拒绝的勇气，你其实是在打造毅力与决心。

以NASA[①]为例，这家机构一直以来都为争取资金苦苦奋斗，也完成了人类的第一次登月任务。虽然著名的阿波罗13号任务是一项近乎不可能完成的任务，但NASA仍然显示出了其解决难题的能力，这些难题包括但不限于用胶带、软管、袜子和蹦极绳改装二氧化碳洗涤器。这家机构目标明确，富有抱负。也正是因为这两个特质，NASA才保持着持续又准确的创新，其创新的延续时间远比现在许多创新企业成立的时间更久。NASA是弹性创新文化的缩影，弹性创新文化包括深远的目标，让公司得以思考自身未来几年甚至几十年之内的发展（这样就可以超越肤浅的创新概念了），也包括在必要时灵活应变的能力。NASA不只是为了创新而创新，还会做创新以外的事，因而成为几十年来深度创新的指路明灯，激励着一代又一代的人。

NASA把目标、抱负和勇气的概念与我们下一章的内容很好地联系

---

① 美国国家航空航天局。

了起来。NASA 成立于1958年，但之前的历史可以追溯到1915年，至今仍是主要的创新机构，有各种各样的创新。比如说准分子激光原地角膜消除术（LASIK）、冻干食物、手机及其他相机里的数字图像传感器和当代的太阳能电池，都可以追溯到 NASA 的项目上。NASA 有勇气、有抱负，向人们展示了有的创新是要花上几十年的时间，而有的创新需要更长远的世纪眼光，还展示了基于自身情况的灵活应变和非凡才能。我们在之后的内容里就会讲到创新的多样性，讲到创新的节奏与速度。

Innovation for the Fatigued

How to Build a Culture of Deep Creativity

07

节奏、速率与懒散

以创新的速度工作

Innovation

for

the Fatigued

要命了，我的耳朵跟胡子啊！我要迟到了，

我要迟到了，我要迟到了！

——路易斯·卡罗尔

以创新节拍工作

创新是有节拍的。我知道……这很令人震惊吧？就算是微小的细节也包含着令人讶异的深度，我们在认识创新节拍的时候也常常会把它和奇怪的假设与受忽略的真理混淆起来。在本章里，我们会探究许多种创新节拍，也会探究多样化的速度为什么有益于健康的创新文化。创新并非只有一种节拍，而是像音乐一样有着多种节奏、速度和律动。有时候，音乐是喧闹又不连贯的饶舌歌曲，节拍持续不断，这是一种创新节拍。其余时候，音乐又是一首悲伤的乡村歌曲，曲调慵懒而悲伤，这是另一种创新节拍。不管是哪种音乐，都可以与创新节拍相协调。

我们在讲创新的时候，好像就只有用速度来定义的创新。这和哲学家保罗·维利里奥（Paul Virilio）讲的速度学，或者说速度的科学概念相呼应。我们讲市场的时候会讲速度，我们在关键时刻会讲速度，我们还会赞美追求速度的标语，比如说我们就会赞美"快速突破，除旧立新！"[①]（Move fast and break things!）虽然人们对速度上瘾，但是真正的创新节拍远比不间断加速要复杂。

领导者若想要理解创新，理解创新节拍是很重要的。如果项目明明就需要很长的酝酿期，却用对待百米冲刺的方法来应对，那最后得到的创新成果往往无法达到预期效果；可是如果慢慢来，就好像项目需要数年的耐

---

① Startup Vitamin 公司卖的东西里不管是海报、咖啡杯、短袖、连帽衫、枕头还是贴纸，都印上了这句话！我没有在开玩笑，当然这也不是在做广告，只是作为灾难来临前的警告而已。

心测试一般，最后得到的则大多是惰性创新文化，没有敏捷，也没有热情。我们都生活在各种创新节拍里，多样的创新节拍很重要。就像有多种想法、多种创新一样，创新节拍也有很多种。

舒适与恐惧之间

人们一直把速度看作创新的核心要素，其原因是速度可以带来能量。人们觉得有能量、事物又在发展的时候，就更有可能接受新奇的想法、同意试验、接受奇奇怪怪的做事方法。可如果人们觉得不需要马上做出改变，就会无精打采、安逸度日、效率低下。换句话说，创新常常需要节奏的变化，公司里也需要变换一下工作节奏。有的时候这种改变可能是小改变，比如说倾听他人的想法并给出建议，让关于创新的谈话继续下去。但有的时候，让人们意识到之前一直忽略的危机可能也是个问题。

我发现要找到"燃烧的平台"这个比喻的真正出处很难，这个比喻用来形容公司必须要做出的变革。然而，还是有部分事实似乎比较贴合这个比喻：1988年7月，石油钻井平台派佩·阿尔法（Piper Alpha）发生了灾难性火灾，168人遇难，团队中只有63人存活了下来，有的人就简单地从燃烧的平台上跳入冰冷的北海而得以幸存。此次灾难事件被媒体广为传播，而从燃烧的平台往下跳的说法也开始用于公司变革。然而，这个词语变得人尽皆知还是多亏了诺基亚公司的内部备忘录。执行总裁史蒂芬·埃洛普（Stephen Elop）也许没能让诺基亚扭转劣势，但是他关于这家曾经那样强大的移动通信公司所面临的艰难处境的言论却成了报纸头条。他把诺基亚描述为燃烧的平台，并将这和致命的灾难放在一起做类比。他自然是动摇了公司的文化，但也加固了这个词语在广义商业词汇中的地位。

如今，我们在提到"燃烧的平台"时，实际上就是在说没有变革最终会置公司于死地。在这种情况下，开始做一些事比我们实际正在做的事更重要。总裁宣布公司处于"燃烧的平台"境地时，其实就是为了让每个人都能知道过去和现在有质的区别。也就是说，时代变了，旧规则已经不适用了。宣布后，公司就要步入非常状态，这种非常状态有着非常强大的力量。如果我们关注下为公司逆转劣势而做出的主要转变，我们常常会发现转变完全取决于管理层是否公开宣布公司正面临这样一场致命的"火灾"，没有什么能跟逼近的死亡一样更让人集中精神了。

即便如此，这种事你也只能做一次。如果你敲响了警钟，郑重地告诉人们公司已经出现了裂缝，需要采取非常措施，你就可以给人们创造一种急迫感，让人们更想创新。然而，一旦用过一次，要想再用第二次就特别难了（至少也得过个好几年）。就跟喊"狼来了"的小男孩一样，人们也会对喊"危机来了"的经理感到厌倦。你不能没完没了地要求速度，一直提出更高的要求，这样只会创造疲劳感而已。更糟糕的是，这会让关于危机的言论和全新工作方式的需求听起来就跟空谈一样。

聪明的管理者会意识到虽然讲"燃烧的平台"的确是一种加快创新节拍的方法，但也只是方法之一，而且是一种尤为特殊的方法。**我们在讲创新管理的时候，就好像我们有一个工具箱，里面装着可以带来各种节拍的工具。**如果打了个"燃烧的平台"这样的比喻，就会从这种节拍中产生混乱的能量，但还是有许多其他的节拍，多到我单写节拍就可以写出一本书来。在接下来的部分里，我会大概列出部分节拍，讲一下这些创新节拍的不同作用方式，对创新文化又有什么直接影响。我会关注以下几种创新节拍：

1. 百米冲刺的快节拍；
2. 节拍中简短有力的时刻；
3. 耐心的慢节拍；
4. 暂停与休整。

> 我们在讲创新管理的时候，就好像我们有一个工具箱，
> 里面装着可以带来各种节拍的工具。

我还会谈到一点节奏和懒散，最后我会呼吁想提升创新的管理者不要把节拍看作客观的事物、看作别人的给予，而要把节拍看作可以用富有想象力的方式演奏出来的东西。

敏捷冲刺

虽然"所有创新都是快的"这样的说法是错的，但大多数人都会把创新项目和快速发展联系起来。这里的创新节拍就和一场非致命的小危机带来的效果有点相像了，但在这种节拍中依旧需要突破倦怠、固化的工作节奏，只是这个突破需要在限定时间内完成。冲刺有起点线，也有终点线，许多管理者能靠设定很短的截止日期来让公司充满动力。敏捷开发式方法

一开始是用在软件行业里，但渐渐到处都开始使用这个方法了。这也代表着一种新节拍，代表着我们发展节拍观念上的改进。

敏捷软件开发有时候也被称为精益软件开发、scrum软件开发、实验性软件开发或者就叫"创业公司式"软件开发，这种开发逻辑强调快速突破与后期持续跟进。敏捷开发式方法并不旨在提供井井有条的计划或者时间线，而是强调快速突破与持续提高。你会在固定时间内，比如说在1周或14天的时间里做一个新项目，然后一遍又一遍地检查与评价。

这种做法之所以行得通，是因为这种做法改变了设想，也改变了企业的时间观。如果有人要求你在7天的时间内完成某件事，而不是7周或7个月，你的抱负就会发生变化。你没时间来自我预测了，你也没有什么可以失去的了，所以你就更有可能去尝试一些不常规的想法。时间压缩后，公司的行动就更有针对性了，同时也减少了实验的成本。如果你这次失败了，还有下一次。这也是黑客马拉松（hackathon）能成功举办的原因，它让参与者在同样的24~48小时内去执行任务（而不是评估任务）。

当然，这并不是说强行让公司进入敏捷冲刺阶段就必然会让公司变得更具创新力。如果一直重复这个流程，那么敏捷冲刺就会让公司上下都感到无聊与疲劳，就跟缓慢的门径管理模型①一样。而且，也不是每种创新都适合用这种方法。我在波音公司（Boeing）工作的朋友也许会说，有些航空发展就是要花时间。虽然如此，敏捷开发式方法带来了工作规划视

---

① 为一种企业开发新产品的基础准则，将产品开发过程分成 5 个阶段和 5 道关卡，每个构想在进入一个新阶段之前，都必须经过一道审核关卡，从构想到上市，逐步完成整个流程。

野的改变，这对公司来说起到了很好的激励作用，如果还能清晰地标明与过去工作方式的差别，效果会更好。

　　这同样可以释放一些公司里认知盈余的要素，这些要素让人吃惊。我和一家中型科技公司有过合作，这家公司一直很认同高度严密、注重安全的开发过程，但一个小测试所显示的结果却令人吃惊。这家公司之前的开发过程是一季度评估一次，所以项目开发的时间普遍为3个月。项目领头人基本上都是经验丰富的专家，没有精湛专业技术的公司员工几乎是无法进入团队的，而公司里参与调查的人中只有不到20%认为他们"有参与"或"积极参与"公司的创新事业建设。公司的顶层领导对这个结果感到不大满意，还想换种测试模型再测试一次，就算许多专家认为这样很浪费时间也还是要再试一次。

　　作为实验，公司又开展了一个项目，这个项目包括很多团队，而且里面各个部门的人都有。公司领导者让每个团队都快速设计开发方案。这些方案和原本已经存在的创新项目并行，而这个项目的团队需要每两周汇报一次方案进程。这个项目还随之产生了许多测试与试验，其中也并不是所有都发展成了实际的创新。这个实验看起来像是失败了，但是真正的结果却是6个月后，我们又做了一次调查，数据显示认为自己"有参与"或"积极参与"公司创新的人数翻了一番有余。更有趣的是，参与敏捷实验的人数少于参与度上升的人数。换句话说，有的人都没参与到快速创新里，却还是感受到了更高的参与度！除此之外，这次实验也的确让至少两个创新项目成真了。

　　从本质上说，这个项目其实就是为了向人们展示不是所有的创新都跟过去那种冗长、严格和由专家主导的创新项目一样。其实，这种快速的工作方式让另外一种参与方式成为可能，也成为创新里"更温和"的舞台。其他公司还进一步发现敏捷开发式方法论（换了种说法）甚至还能取代较慢的开发方法。

换言之，如果你觉得公司的创新节拍太慢了，那就改变这样的氛围。设置很短的截止日期，强调小步往前迈，步子小没关系，步数多就行。让员工担起参与创新的责任，就算是零碎的责任也行。这种新的创新节拍会帮你检测出那些可能不符合当前创新管理过程的创意，也能提升创新的整体参与度。不管是从长远还是从当下来看，都是好事。

瞬间的重要性

一家公司里的每个瞬间都可能是创新的瞬间。显然不是每个瞬间都能产生颠覆性或彻底性的创新，但是每个瞬间仍然可以"让创新变得有意义"。对领导者来说，这就意味着他们需要留心如何在时机到来时有针对性地行动，从而创造一种更强、更快乐、更精力充沛的文化。

丹尼尔·科伊尔（Daniel Coyle）在《文化密码》（*The Culture Code*）一书中仔细讲了团队在建立了基本的安全感（心理安全和其他形式的安全）、成员共同具有了脆弱感（承认对事物的思考也有可能出错）和定好目标之后，就会有很好的表现，也会取得成功。要建立所有这些主题也许要花很久的时间，但有趣的是这些都不是通过大项目和大事件，而是通过能带来归属感和安全感的小手势和小线索得以建立的。这可能只是你明天早晨的自我肯定（如果傍晚更适合你的话，傍晚也行），也可能是领导者特意留心这些细节的瞬间选择。

创新领导力中有一大未解之谜，那就是许多想要实现超越的领导人并不支持创意，最简单的也做不到。我之前遇到过一位非常成功的执行总裁，他经营的公司在可持续创新上有非常好的业绩记录。在谈到他创新的大"秘诀"时，他非常动情地描述道，他的"秘诀"就是……指出。他说（我在这里复述一下，因为当时我们在酒吧，我也没录音）："大话只会让人们感到疑惑，就连我自己也会感到疑惑。有人在展示的时候，或者有人做了一些很棒的事，我喜欢关注他们的一些简单举动，然后我就会指出来：'这个！这个是我想看到的东西！'没有什么能比简单易懂的例子更具有力量了。"

他道出了创建文化时一个非常重要的真理。我们现在讲话的时候如果没有清晰的例子，常常就会笼统地夸夸其谈。虽然这种夸夸其谈可能在饭后的谈话中让人印象深刻，但却无益于创建健康又有活力的文化。更重要的是当下就要开始有所作为，并通过一系列清晰可见的例子来阐明自己的愿景。奇普·希思（Chip Heath）和丹·希思（Dan Heath）在《瞬间的力量》（*The Power of Moments*）一书中强调要关注那些能传递自身愿景和目标核心信息的瞬间。不要去关注大局，只关注消逝的瞬间，就能让你做得更好，因为这样你可以把自己想强化、支持和复制的东西浓缩成一堂课。

大致说说想支持员工在公司中冒险是一回事，保证台上能有一个鲍勃（第6章的那个鲍勃，记不记得？）创造令人铭记的瞬间又是另一回事。

说你想要支持有难度的项目很简单，可在聚会或会议上打断别人，指出"就是这个，这个就是我觉得我们应该要做的事"又是另一回事了（这常常更难）。

每家公司都有太多瞬间了，每天都在产生瞬间，
而领导者在这些瞬间就可以树立榜样。

大多数的瞬间都输给了时间，因为领导者没有及时指出而被遗忘甚至被忽略。我那位总裁朋友想指出的事其实我们每个人都可以指出来，有的瞬间是搞笑的，有的瞬间是动人的，有的瞬间在公司紧要关头出现，而有的瞬间就非常平凡了。但是所有瞬间都可以为领导者所用，用来强化创新文化，用来阐明公司里的创新可以意味着什么、又应该意味着什么。

创新节拍不是只有快慢之分，也不是只有过程与项目。有的时候，当一个创意被强调、被作为范例或被指出的瞬间，就是这个创意最瞩目的时刻。有的时候你就需要创造这样的瞬间，比如说你故意在某事上失败，然后向公司上下表示就算失败了也没什么大不了的；有的时候你要故意让自己看起来很愚蠢，这样企业就可能和想象力发生连接。我就见过有领导做过很假的扮装表演，为了让公司员工感受到失败的快乐。文化本质上就是需要相当长的一段时间才能形成的，但是又常常由有意义、好玩和让人深思的瞬间构成。

持久战

我们社会想到创新者的时候，总会想到急躁、焦虑、实干的男性形象（是的，我写的是男性，我是故意的，你可以再回去看看第5章）。对这种创新者来说，最糟糕的莫过于慢悠悠运作的普通公司了。没有颠覆性、每一步都小心谨慎的持久战，会让人感到麻木，这样的创新者便是此种工作模式的头号大敌了，但这也体现了人们对"变革如何产生"的一般认知受到了创新产业多么严重的毒害。

如果创新企业的领导只需要一种特质的话，那就是耐心。

虽然创新书籍常常想要向人们暗示，创新很快就可以完成，但现实却是许多创新需要很长时间来酝酿、发展，才能达到繁盛的状态。封包交换网络标志着互联网的开始，对它的研究始于20世纪60年代早期。阿帕网（ARPANET）是互联网的前身，在1971年年底扩充到15个网络节点。1982年，我们有了互联网协定套组（TCP/IP）。之后，又花了10年时间为早期采用技术的公司创造商业机遇。又过了10年，到了2002年，互联网连接了世界上近10%的人口。换句话说，互联网没有马上取得成功，而是用了40~50年的时间。

现在再想象一下，如果有一个员工过来跟你说，"我想要100万美元来探索一种科技，这种科技在未来的40年里也许会非常重要"，你会签字吗？我知道这个问题很刁钻。我们都会想象自己是会同意的，但现实中

99.97%做出这种请求的人会被委婉或直接拒绝。剩下的那0.03%，大多都被炒鱿鱼了。也许有人获得了机会，但实在是太少了，根本无法列入考虑范围。我们体系的建设目标不是考虑长远项目，设计目的也不是展示耐心。

所以我们现有的体系是有问题的。世界经济论坛（World Economic Forum）曾表示，世界所需的是耐心资本。尤其是改变了世界的大创新，很可能要花几十年的时间，GPS①这个例子就是这样。如果投资与支持都只流向几个月内就能得到回报的项目，那么我们就会错失变革型创新，或者会让变革型创新推迟一段时间出现。对持有短期思维的公司来说，思考几年内的事情常常听起来都是不可能的，这些公司可能从来都没想到过切斯特·卡尔森（Chester Carlson）。

你可能都没听说过卡尔森这号人，但你肯定用过他的创新成果。他是静电复印术背后的天才，静电复印术现在更为人熟知的名字是"干影印"。他在1942年得到了静电复印术的原批专利，美国专利号为2297691。约17年后，这个专利成为施乐914（Xerox 914）复印机的技术核心，以"商业史上最成功的产品"而闻名。约翰·德萨尔（John Dessauer）是这款产品的另一个缔造者。一家资产不到数十亿美元的小公司成为几十亿美元的行业巨头，德萨尔功不可没。就算把20年的发展算入考虑范围，这样的成果也是相当令人印象深刻了。可这样的故事仍然不是创新产业所推崇的，因为它实在太慢了，实在充满了太多挑战。

---

① 向海蒂·拉玛（Hedy Lamarr）致敬。

　　那如果能让你公司里有一个切斯特·卡尔森的话，你又愿意付出什么代价呢？要是这个人有异乎寻常的想法，但想法可能需要10年才能发展为商用产品，可是这款产品又也许能让你的公司规模扩展超过10倍、100倍、1000倍呢？谷歌期望实现10倍或100倍的项目扩展目标因卡尔森而看起来有实现的可能。施乐公司很幸运，它也教了我们很有价值的一课：有时候创新节拍就是会很慢。

　　从这里管理者能学到的东西也是很明确的：要当心快回报。虽然施乐这个例子可能在持续时间和回报上都很极端，但是逻辑还是这个逻辑——有的创新所需时间就是要比其他创新长得多。明智的管理者会采用敏捷快速的创新流程，也会允许更为缓慢、基础的创新转变。持久战比敏捷冲刺要难得多，但这并不意味着这就没什么作用了。你也许会觉得把你的思维节拍调至与创新节拍一致就是坚持追求快结果和快反应，但有时候真正需要的策略恰恰相反。

　　你有没有耐心的策略呢？你的公司准备好打一个10年的赌了吗？有的项目只需要几个月的时间就能得到回报，而有的项目必须要几年的开发资助才能见效，打这样的赌你放得下心吗？一个只关注快速回报的领导者不是创新领导者，只支持发芽快的种子的文化是有缺陷的。的确，光速创新是有很多可取之处，但是这也并不意味着创新就只有这一种形式。毕竟有时候，最快的创新方法就是不创新。

暂时断电：为何我们需要非创新时间

在第 6 章最后，我们谈到了一个奇怪的例子：有一位执行总裁中止了公司的创新进程。我想在这里再回到这个例子上来，因为我们需要认识到不花时间或暂时中断对公司的创新来说都是非常可行的方法。不管我们是在讲快速创新方法还是慢速创新方法，都是建立在公司里有活跃创新项目的假设之上。虽然对已经被创新产业洗脑的人来说这是显而易见的，但这个假设非常危险。有时候，公司鼓励创新的最好方法就是完全忽略它。

在生活中的一切事物中，正是差异与并列创造了能量。在一个全是工程师的公司里，只要一位哲学家或者设计师就能创造出巨大能量来；在一个常把创新流程拉长到数年的公司里，试试敏捷式开发方法就能产生不一样的效果。你想要怎样的创新节拍其实并不重要，重要的是引入新的创新节拍来推动创新，方法之一其实就是有效利用暂停与寂静。迈尔斯·戴维斯（Miles Davis）这位天才不止一次，也不止两次，而是三次革新了爵士音乐的艺术形式——他创造了硬式咆勃（hard bop）、酷派爵士乐（cool jazz）和融合爵士（jazz fusion），我在这里还没提《西班牙素描》（*Sketches of Spain*）这首神曲。他还告诉自己的乐队，"已经有的东西就不要弹奏了，我们要弹的是没有的东西"。他对新奇有着很深的见解，还认为一个音符都不弹反而能带来更丰富的效果。你只有在鼓励人们战略性休息之后，才算是真正把全部创新方法都纳入囊中了。

暂停或休息行之有效是因为这样可以创造出看似自相矛盾的冷静与紧张，拉开与过去的距离。允许人们不参与创新，其实也就创造了冷静的空间。同时，暂停会加强紧张感，因为我们常常都不知道休息或暂停要持续多久。像我们之前提到的例子，暂停也是把双刃剑。一方面，停下创新，能让人们关注其他事物，而在关注其他事物的同时不会为没有履行"不创新则灭亡"的口号而感到内疚。休息减轻了创新疲劳症，降低了压力，让人们可以专注于其他事物，所以能让人充满能量。而另一方面，停下创新，休息一会，是为了通过休息实现突破，也就是说休息之后要继续创新，这样休息才更有意义。当创新不再是公司的持续性需求时，人们就可以开始重新与创新的意义建立联系，重新思考创意该如何在公司里实现。

在第3章，在讨论创新文化中责任感的作用时，我具体讲了些在一家丹麦公司里做的事，其中包括不再让创新项目成为强制性要求。从本质上说，那个故事仔细讲述了人们在可以自己选择是否参与到各式各样的创新工作小组之后会发生的事，其实也就是人们有权自主选择暂停自己的参与。有趣的是，公司要是给了员工这个机会的话，常常也就意味着员工是自己选择离开创新项目的，可是后来却发现员工回来之后改头换面，充满了能量。这对我们来说当然一点都不意外，假期或周末后我们不也是充满了能量吗？然而，还是有许多公司坚持没完没了地重复创新言论与举措，完全不去考虑成本的问题。

我的导师克拉斯·古斯塔夫森（Claes Gustafsson）甚至还为这种能量造了一个词。大家都知道"协同作用"（synergy）这个词指的是两个系统合并起来能比各自单独的系统创造出更大的能量及活力，但是没几个人听过"单一作用"（idiergy）。单一作用指的是隔离、停顿和分裂所产生的能量，一家死气沉沉的公司分裂成几家小公司后就会产生这种能量，这种能量往往更大。半导体是我们现代世界的构成要素，功能基本上就是导体与非导体的创造性混合，体现了一种单一作用式的突破。单调的单一音调引入停顿与间歇后就成了音乐。疲劳的创新文化有时只要简简单单地休息一下，喘口气儿，就又能恢复精神了。这就是单一作用的力量，创新疲劳的公司里的管理者若是能机智地好好利用单一作用，是能创造奇迹的。

留出松弛时间

对创新来说，暂停之所以重要还在于创造力本身的性质。只要我们对创造力有所研究，就可以知道创意常常出现在中间期，不一定出现在埋头苦干的工作时间。我们常常会在传统的非创新场景中得到最好的创意，可能是在公园里散步、睡前的片刻和经常提到的洗澡的时候。我认识的几位创新顾问甚至建议人们随身带着笔记本，这样在远离工作的场所有什么想法也能及时记录下来。我想，或许也该在淋浴室放一块白板。

创造性思维的组成成分使得中间期的作用非常强大。我们处于潜意识状态时，常常更能解决问题。我们在全神贯注时，潜意识几乎不会参与其中，可是我们不专注的时候，潜意识就会开始起作用。潜意识具备的能量不容小觑。我们的大脑在进入富有创造力的梦境状态时，会对大量输入、经验、感觉和流入脑中的一切事物进行筛选。在潜意识里我们会把不可能组合在一起的东西组合在一起，测试无意义的变体，就跟做梦一样。虽然得出的可能是愚蠢的组合、看似无理或荒谬的概念，但正是在这些疯狂的输入组合中才会时不时产生一些灵感，而这些灵感其实就构成了问题解决方案的一部分，这时候我们的显意识又会重新介入。

这一瞬间（看到我刚才做了什么吗？）和后脑勺被球打了一下的感觉差不多，有的人管这叫"灵光一现"。我们在森林里行走，突然脑中就冒出了看似非常合理的解决办法，可是我们自己也不知道这主意是从哪冒出来的。我们就是突然想到了这个主意。我们在休息的时候，头脑就可以进行富有想象力的活动了，而我们的显意识会从原始的潜意识泥浆里挑出一个可行的想法来。我们让大脑放松下来其实就开启了另一种思维方式，这种思维方式更具想象力，最后新创意就会出现了。

把之前所说的东西放到个人层面上，我们都可以理解，因为我们每个人都在经历这样的事。但是你又该如何把这种松弛、这种让潜意识运作的时间嵌入公司及公司文化里呢？对高管来说，他们总能找到机会休息一下，让秘书接听所有电话；对自由职业者来说，在公园里静静地走一走（或者在中午偷偷喝一杯）就明显算是特权了。但是对大多数公司员工来说，这样的休息是不一定会被允许的。我们看到越来越多的人被要求延长工作时间、少休息一会儿、多参加点会议、多回几封邮件、多回几条Slack①上的信息、多在社交网站上回复消息。之后呢，有的管理人还是会问为什么公司员工的创新力就是一点进步都没有！

企业若想更具创新力，需要留出松弛的时间 。

---

① Slack 为一款团队协作工具，集聊天群组、大规模工具集成、文件整合与统一搜索于一体。

公司需要打破这样的想法：松弛就是浪费时间，就是没效率。公司也该意识到若不能有想象力地进行思考，那其实就是在浪费公司里的认知盈余，而认知盈余在如今的经济中正是企业急切需求的东西。留出松弛的时间并不等于让人们去附近的森林里漫无目的地散个步，也不是让人们没效率。相反，这其实是一种公司支持绩效的战略性思维艺术。比如说限制加班时间和鼓励人们不在工作时间写邮件（或者回邮件）等措施都一致证明，这些措施不会限制人们的效率，反而会使效率得到提高。有的公司甚至积极鼓励员工小睡一会儿，这些公司包括虽然不想说、但又不得不说的谷歌。同样的，我也常常鼓励公司可以试试少开几次会，缩短一点会议时间，以给公司文化一点必要的松弛时间。然后呢，我们就需要意识到创新并不只是追求更难、更快、更强和更多。如果真要说创新追求什么的话，那就是欣赏公司内部的各种速度与节奏。

变化节奏与困难时期

几乎每一个创新项目都经历过每件事都慢下来的时候。那时候不管是来自内部还是外部的阻力都让事情的进展变得缓慢，这会让公司里一门心思搞创新的人感到难以忍受。我们常常能敏锐地意识到速度放慢下来，并把它看作值得关注的现象，比意识到事物发展速度加快敏锐得多。我在这里提这点是因为我在本书里说的东西，要么假设项目很快就结束了，要么假设项目进程很缓慢，可是在现实生活中，项目的进程常常是在很大的范围内浮动。

在基础研究中经常会碰到这样的情况，这个领域的研究往往突破不多，甚至可以说是稀少。一开始，团队也许会努力克服科学上的难题，测试几种可能，最后却发现这条路走不通。有经验的研究者知道这样的情况几乎不可避免，也不会因此就灰心丧气。然而，这个过程让人心力交瘁，过程越长就越会这样。然后，不知怎么的，突破就出现了。每个人都欣喜若狂，觉得自己付出的所有努力还是有意义的。这股能量有的时候还会带来其他结果，可能是因为取得的突破，也可能是因为团队因突破而产生的能量，让其他成功也接踵而至。团队感觉自己好像在极速前进、飞上天了，自己是所向披靡的。之后……就又陷入毫无进展的局面。不知道为什么，下一个大成果就是不出现。取得的突破也感觉是明日黄花，骄傲感被愧疚感所取代。

创新项目遇到瓶颈期的时候，领导和公司都非常难熬（从商业模式的创新到新产品的推出，我已经见过许多相似的精疲力竭的案例了）。这时候公司需要做的不是加强管理来让陷入创新瓶颈的团队牢记使命，而是放缓脚步。最重要的是，领导不应该在这个时候让团队做一些不可能完成的事。经历创新放缓过程的公司常常会陷入恐慌，坚持认为这种情况需要更加专注创新，但要求越多，压力就会越大。可实际情况却是，团队或公司真正需要的东西可能恰恰相反。

创新是人类创造力的一种动力形式，它并不是持续匀速前进的。创新也不是势不可挡的，至少不是那种没有变化、没有起伏的。其实，创新跟其他人类的创造活动一样，前进的步调与节奏都不一致。

创新节奏需要人性化

到目前为止，我们讲的东西可以概括为与
自身节奏相协调的深度创新文化。

深度创新文化既需要快速冲刺也需要打持久战，在需要休息的时候休息，时机正确时加快节奏。因此，一个创新公司的领导者其实可以比作一根导体，需要慢慢来，偶尔又需要吼上那么一嗓子；创造工作节奏，但也理解节奏不能只是有力的、持续的；深层次了解什么东西能让人们感受到关注与安全，什么东西能让人们发挥自己的想象力。

因此，优秀的创新领导者会花大量时间去了解公司里的人，弄清公司文化，理解创新的各式节拍。这个过程基本上不会是直截了当的。我合作过的大多公司，不同部门里创新节拍也不同，公司高层与执行部门中这种差异尤为显著。企业的高管团队也许会觉得公司运转很慢、没精打采，也没有干什么和创新相关的事，但是执行部门却安排得满满当当，工作日天天要开会，都没有时间思考这些事情。

理解和尊重差异是创新文化找到自身工作节奏的重要一环。同时，管理者也需要知道互惠也是健康创新文化里的重要组成要素，这样深度创造力才能成为可能。人们如果没有时间反思，没有时间评估，那么他们是不会以一种有意义的方式来进行创新的。如果你要求创新，你得为创新创造时间；如果你想走快一点，那么你可能就需要让事情慢下来。

所以有的时候，创新的节拍可以是节奏强劲的，但是真正重要的是对各种奇奇怪怪的选项保持开放的态度，包括切分音、刺耳音、双重调和其他奇怪的创新节拍。有的时候快和慢会同时出现，有的时候又水火不容。这就是创新如此难，几乎到了……不现实的地步的原因。创新可以凌驾于我们之上，但是说到底，创新是人类的产物，包含了各种各样奇怪的元素。

科舍尔航线：创新的古怪时期

在《星球大战》里，科舍尔航线是一条超时空的航线，用于各种走私及类似的罪恶活动。汉·索洛①（Han Solo）在完成科舍尔航线时，通过的距离略多于12秒差距，并因此声名大振。秒差距很有意思，它是距离单位，不是时间单位。科舍尔航线在这里可以用来比喻在创新工作中所遇到的难处。有时候，捷径反而更远；有时候，加速会让你减速；有时候，你又可以用一种几乎魔幻的方式穿过时间与空间。

成功创新，尤其是持久的成功创新，和跑完12秒差距的科舍尔航线可不一样。成功创新需要用创造性的思维去思考时间和空间，有的时候还需要突破时间和空间，需要专注于我们认为有可能性的事物，忽略那些泼冷水的人。此外，我们还需要抛开大部分逻辑概念。有人只关注时间，或者只关注距离、成本，而创新者就可以意识到一切事物的相对性。创新常常就是突破物理规则，重塑联系概念——让远在天涯的东西变得近在咫

---

① 电影《星球大战》正传三部曲中的主要角色，原本是一名走私货船"千年隼号"的船长，后来成为义军的重要成员。

尺，让迥然不同的东西看起来似曾相识。

如果我们看看各个时代的真正创新天才，看看尼古拉·特斯拉[①]（Nikola Tesla）和玛丽·居里[②]（Marie Curie），正因为他们是创新天才而吸引了人们的目光。他们看世界的方式充满了想象力，行为举止也充满了想象力，其中蕴含的想法似乎超越了时间和空间的限制。他们跟之后的创新者不同，之后的创新者被创新产业没完没了地称赞，而他们却创造了"超越现实的空间"。这个空间充满抱负与远见，超乎了人们的想象。

最后，创新的动因不一定是财富，创新也不是发生在旧金山的美好故事[③]。我们相信，如果我们在对的时间、在对的地点，也同样能完成不可能的事。正是这个信念吸引了人们去创新。有的时候，快速冲刺所取得成就靠打持久战无法达到；有的时候，比起高速运转，放慢脚步、回归传统反而能创造出突破性的创新进展。再回过头去想想切斯特·卡尔森和现代的影印技术，或者再想想互联网，这两样创新都是花了几十年才面世的，但都彻底改变了世界：一样把女性从机械简单的办公室苦差事中解放出来，另一样给了我们迄今为止难以想象的沟通与创造能力。这两样创新都费了很多时间，但一旦面世，就让不可思议的速度成为可能，还把时间和空间结合了起来，与科舍尔航线有点像。跟科舍尔航线一样，到了最后一跳的时候了，要跳到最后一章了。

---

① 塞尔维亚裔美籍发明家、机械工程师、电气工程师，他被认为是电力商业化的重要推动者之一，并因主持设计了现代交流电系统而广为人知。
② 即居里夫人，开创了放射性理论、发明了分离放射性同位素技术、发现了两种新元素钋和镭，成为世界上第一个两度获得诺贝尔奖的人。
③ 旧金山被誉为世界 IT 产业和科技创新的圣地，硅谷就在旧金山。

Innovation
for
the Fatigued

How to Build a Culture of Deep Creativity

08

聚合

从"创新"到创新

Innovation
for
the Fatigued

创新永远不会按计划发生。

——吉福德·平肖

谈创新色情文学

创新产业中的主要产品，同时也是肤浅创新的最严重表现，我喜欢把这种形式的创新称为**"创新色情文学"**。这个词的确具有挑逗性，但我用它来指代轻率和虚假创新的展示形式，用来指代创新产业里的库存和交易方式。这本书就打算矫正这些不良现象，但如果你们想理解我说这么多到底想表达什么，首先就必须得知道什么是色情文学，还要深入了解。

从本质上说，色情文学就是一种洁净版现实。有的人可能会纳闷，也担心了起来：色情文学不该是一些肮脏恶心的东西吗？然而，色情文学虽然有时候看起来很下流，但是其存在的目的就是讲述情节简化又予以润色过的性生活，因为现实生活中的性生活很混乱、很复杂。现实生活中，人们有担忧的事，有棘手的事，就别提还有满满当当的日程表和孩子的事要操心了。但是在色情文学中以上困扰一律没有，在这个虚构出来的世界里，每个人都是美丽的，每件事都是美好的。换句话说，色情文学完全就是美好的虚拟存在。

我说这些并不是为了谴责色情文学，也不是责骂那些消费色情文学的人。如果你开始相信色情文学就是现实的真实呈现的话，问题就会出现；如果你把你的日子过成了那个样的话，问题就更大了。而我们常常就这么对待创新，创新书籍里的大多数故事都明显是色情文学的套路。

忽略混乱之时

读《快公司》或《连线》(*Wired*) 这样的杂志时，人们常常会感到很高兴，因为里面有精彩的故事和精美的图片。听TED演讲或听著名创新演讲者演讲的体验也很好，更别提大部分讲创新的书了。在以上所有形式里，创新的展现方式基本上都很相近：有个超级聪明的人有了个很好的想法，而有的老顽固觉得这想法行不通，但很快他（对的，大部分情况下都是"他"）就找到了志同道合的人，得到了支持。创新被引入了市场，深受顾客喜爱，皆大欢喜。这一切通常都会伴随着华而不实的照片和其他视觉效果，有的时候还会有电影配乐。

现在如果说有什么事是我可以拍着胸脯打包票说出来的，那就是**创新不是这样的**。创新是从某人有了一个想法开始的，但是这个想法通常不是特别好，可能用"半生不熟"这个词来描述创意的起步比较合适。发展创意的过程也不是一帆风顺的，常常手忙脚乱。有的人能帮上忙，有的人只会帮倒忙。有的时候人们想杀死这个创意，结果却在无意间让这个创意愈加成熟了。到了某个时候，样本就出现了，样本看起来很糟糕，和初始想法一点相似之处都没有，大家都忘了这个创意本来的模样。这样的情况又持续了一阵子，前进几步，后退几步，往边上又走了几步，什么样的姿势都有，但每种都很杂乱。项目经历过几次危机，经历过几次大声争吵，经历过丧失信心，也经历过偶尔的醉酒狂欢。最后，不知怎么的，创新终于进入市场，而参与研发的大部分人员都不大知道，或者根本就不知道这一切是怎么发生的。总之，一片混乱。

可是我刚才讲的东西没有一件会出现在杂志里、书里或者会议报告里。当然，也许会有人用这些例子谦虚地自我批评一番，想抛砖引玉，但这些例子只是少数。创新故事都写成了童话故事，但展现的形式却设置成了色情文学的方式：所有的失误、所有的失败、所有的困惑都被扫到一边，剩下的就只有寥寥几处打了光的场景，场景里每个人看起来都光彩夺目，达到了预期的高潮。

如果有人真的相信这样的场景，那么问题就出现了。就跟色情文学一样，如果青少年看了，开始觉得这就是健康、正常的性生活，色情文学就有问题了。**创新书籍只有在你真的相信的时候才会出现问题。**

创新中的皮格马利翁与戈莱姆

可悲惨的现实却是，有很多管理者相信创新书籍，就算是糟糕的创新书籍也相信。这就引发了许多有问题的创新行为，其中就包括和肤浅的创新色情文学做对比，来评价员工有没有成为创新公司员工该有的样子。

在教育研究中，相当多的人对理解皮格马利翁效应[①]（Pygmalion effect）展现出了极大的兴趣。这个效应一开始是由罗伯特·罗森塔尔（Robert Rosenthal）和勒诺·雅各布森（Lenore Jacobson）共同研究的。研究显示，对学生的成功和能力展现出高期望，学生的表现就会有很大提高。换句话说，皮格马利翁效应显示，你越相信学生表现可以很好，他们

---

① 有时候也叫罗森塔尔效应（Rosenthal effect）。

表现好的可能性就会增加。还有种效应与皮格马利翁效应正好相反，叫戈莱姆效应（Golem effect）。戈莱姆效应是一种自证预言：如果你相信学生会失败，那他们失败的可能性就会增加。这两种效应得到了广泛研究，而且由于人类的心理构成，这两种效应在大多数人身上还是适用的。相信人们，他们就会脱颖而出；怀疑人们，他们就会证明你的想法是对的。

领导要是沉迷于最新的肤浅创新的著作，就会找寻特定的举止与现象，一旦找不到，就会觉得公司里没有这些东西。而同样的，领导者要是和深度创新与想象力步调一致的话，就会从根本上来支持公司。第一种领导者领导下的公司士气会很低落，从而变得不创新。而第二种领导者展现出的信任与尊重就能引出更多的创新行为。不管我们相信公司是创新的，还是笃信公司压根就没创新，皮格马利翁效应或戈莱姆效应都会证明我们是正确的，虽然结果不一定让人开心。

创新产业就是用这种阴险的方式来损害创新的，宣扬一种错误的创新简化概念，让管理者的想法出现了偏差：期待错误的事物，以错误的速度进行。不管是对萌发期的创意还是新兴的创新文化来说，这造成的伤害都是巨大的。你只能得到你想要的创新，但如果你想要童话般的创新故事，忽略了现实世界的运作方式，忽略了现实中人们的工作方式……哎，那你对结局感到不满意也就不该大惊小怪了。

创新之后：回归农民思维

本书想提倡强调谦卑和关爱的创新方法，而不是企图做到不可能做到之事。如果一家公司里的员工因领导没完没了地要求更多创新而感到疲劳、无聊或压力的话，我们就需要找到新的谈论方法、新的批判方法和新的评估方法。创新对炫耀更感兴趣时，我们就需要找回抱负；创新讲的都是表面皮毛或用户界面时，我们就需要找回影响力。

创新对炫耀更感兴趣时，
我们就需要重新找回抱负。

我们需要回归之前在第3章里讲的那种农民思维，而不是回归为寻找下一个抢劫目标的强盗资本家思维。幸好，这样的回归还是存在的，我们现在可以看到，有另一种创新抱负的新种子在萌芽。Y Combinator 公司是硅谷顶尖的创业孵化器，深受创新产业喜爱，在过去几年里也是许多跟风创新的诞生地。这家公司在2018年年底宣布想投资除碳领域的前沿科技。不只一家创业孵化器公司想进入清洁科技领域，这标志着就算硅谷也开始经历创新疲劳症了，而硅谷同时也意识到有些事必须要做出改变。

肤浅创新领域里许多人都奉为圣经的一本书是《精益创业》（*The Lean Startup*），作者是埃里克·莱斯（Eric Ries）。毫无疑问，这本书是一本把如何创立公司讲得很好的书，埃里克也是个很有思想的年轻人。之前在和我交谈的时候，他对肤浅式或炫耀式创业公司的创始人持保留态度。然而，围绕这两种形式的创业公司却深受创新产业欢迎。这里同样也是有许多好兆头的。之后又有一本书面世，是张安美（Ann Mei Chang）写的一本新书——《精益影响》（*Lean Impact*），这本书的前言是埃里克写的。张安美认为创新者应该探索影响力，探索"从根本上有益的事"（书的副标题就这么说的）。

就算是受创新产业大加赞赏的公司也正加入这场角逐。苹果公司正在鼓吹自己在可持续发展和社会责任上的资历；派拓网络这样的公司所在的城市无家可归者到处都是，他们正在和人们争论不平等问题，但还是赚了几百万美元；奈飞的帕蒂·麦考德（Patty McCord）写过一本商业书籍——《奈飞文化手册》（*Powerful: Building a Culture of Freedom and Responsibility*），认为关爱可以让创新东山再起。

即便如此，我们仍需要关注照料、尊重和责任，而且关注的对象不只是同事，还有周围的世界和创新本身。脑中有了这样的想法后，就能很快回归一些重点，然后就能回归前方的任务。

核心要点概览

重复乃学习之母。本书马上就要圆满完成了，我们要再注意一下本书的核心信息。如果你想要建设一个坚韧、能战胜创新疲劳症的创新文化，那么要记住以下几点：

小事很重要。 创新可能就因为哈欠一般小的细节而死去，向人们展示出一点尊重就可以看作一种创新参与。创新文化不只会从网站上的华丽词汇或者首席文化官的一席激动人心的演讲中长出来，我们互相对待的方式虽有数百万计，但同样也是创新的基础。小事不只是小事，小事也是可以恶化事态的，然后成为有害的黏稠物质，让人们不愿开口，不愿分享，也不愿尝试。大事其实就是小事的叠加，一屋不扫，何以扫天下？（如果你不相信我，那么可以再去重新读一遍第2章，看完之后我们再讨论。）

创意不是天生的，需要我们培育。你如果想创造一个重视创意、想象力和创新的文化，就得注意人们是如何互相关心的。这种关心包括人们是如何尊重对方及对方的想法，又是如何担起培育创意的责任，如何思考自己在整个过程中所扮演的角色。没有持续的互惠行为，没有给予与索取，你永远都不会建立起真正的创新文化。如果没有支持、培育创意的文化，就算有人能轻而易举地产生大量创意也于事无补。（如果你觉得这点建议看起来很奇怪，那么再去重新读一下第3章吧，我等着你。）

想象力战胜一切。一切战略性失败都是想象力的失败。创新产业说自己热爱想象力，但这是种误解，它热衷的其实是自己称为"想象力"的那种东西。其他人夸奖的东西，它也会夸奖；观众想听什么，它就会讲什么。创新产业正是沉迷于这样的操作。可是真正的想象力更难，更容易引起争论，奇怪的是也正是因为这些特质才让想象力如此具有力量。尤其是在数据和人工智能时代，想象力就是我们拥有的真正优势。（如果你不同意这个观点，那么再去重新读一下第4章吧，或者去读一点诗歌，也可以直接出去玩一会儿。）

拥抱多样性，拥抱多元化的多样性。如果说创造力和创新是现代经济的引擎，那么多样性就是引擎的燃料。假如没有大幅度的输入，没有因为意见不合、知识不一、视角相异和经验不同而产生创造上的摩擦，我们就不会有新的思维方式和新的进展。我们需要的多样性不止一种，我们需要尊重并关爱不同的多样性。多样性指的不仅仅是人员的多样性，还是节奏和速度的多样性、创新地点和空间的多样性。（如果你觉得这看起来有点复杂，那么再去重新读一下第5章和第7章吧。先看第5章，接着看第7章，再回过去看第5章。先快速浏览，再仔细阅读。）

目标和抱负带动深度创新。我们可以不知道为什么要创新，但是这样创造出来的东西常常都是肤浅又不大成功的。这些东西也许能赚钱，但是无法保证其总体影响是积极的。如果我们想要深度、有意义、真正改变世界的创新，还需要一些东西。我们需要目标，需要超越像"不创新则灭亡！"这种动员口号的东西。我们需要有远大的抱负，需要渴望做一些能抓住公司里广大创意和创新认知盈余的事，并在一些奇奇怪怪又极具意义的问题上释放这些认知盈余。现实点说，我们不需要那么多创新，但需要高质量的创新。（如果你不同意这个说法，我不知道我们还能不能做朋友，你再去重新读一下第6章吧。）

为何我们需要创新批评

有的读者可能觉得本书批判性太强了，有的读者可能觉得我对各式各样的创新者不大公平，尤其我还把广大的创新顾问、创新书籍作者和创新专家归入创新产业。不错，我不是一直都是和颜悦色的，但是我认为我有批评的权利，你们也有！创新太重要了，不能被温柔以待；创新太有价值了，不能沦为无稽之谈和童话故事。我还认为批评对创新来说是再好不过的了，但批评不是推翻创新，也不是毁灭创新！我们需要细细打磨，预防一些愚蠢的过激行为，这样一来我们不仅有了更多的创新，创新的质量还会更高。

本书也快接近尾声了，从很大程度上说，我们探讨了现代创新的几个问题：创新疲劳、创新废话、肤浅创新等。也许本书很好地概述了如何在改善公司文化之外取得进步。我们生活在一个号称热爱创新的世界里，但与此同时又常常会选择简单的解决方法、快速获益和浅近影响的创新项目。创新不是简单的，也不是快速的，可是我们在生活中却把它当成了简单快速的东西。我们生活在一个奇怪问题层出不穷的世界里：虚假新闻、社会老龄化、不平等现象、过度使用资源、生物圈遭受破坏，我们已经踏上了不归路。

既然当今世界如此，我们就比过去任何时候都更需要深度创新。深度创新不是为了公共关系，也不是为了已经不胜其烦的商业受众心中的好印象，其目标是想要更大的影响力，而不是开发新口味的塔塔饼。还有人依旧认为创新会自动发展，还莫名其妙地重构了涓滴经济学（trickle-down economics），这种理论说只要降低超级富豪的税率，我们所有人就都能过上小康生活。我认为创新不只受我们的创新参与所引导，也为我们所引导，为我们的言论所引导，为我们的批评（或不批评）所引导，为我们体会或赋予的价值观所引导。创新不是自然产生的，而是我们创造的。

创新可以改变世界，但无法自己完成。

创新也是需要帮助的，而有时候最好的帮助方法就是批评，强调优秀、真实、有价值的东西，指出肤浅、无关紧要、令人疲惫的东西，坦率而真诚地表达看法，指出缺陷与不足，而不是贬低或诋毁，让创新在能力范围成为最好。如今，几乎就没人批评创新，这其实是不利于创新的。我对这本书的期望之一就是希望它能鼓励更多的人批评创新，批评创新言论，批评创新思维，在需要的地方提供支持与培育。

如果创新想在能力范围内成为最好，就需要一场广泛的社会创新对话。我们需要聆听各个不同参与者的声音，而不是只有创新产业喜欢的那种声音。创新多种多样、壮丽辉煌，我们需要的讨论也是如此。我们需要讨论创新的目标，讨论我们有没有明智地使用资源；我们需要讨论创新的抱负，而不是只假设抱负自然而然就存在。

如果我们开始这么做，如果公司开始这么做，那么我们所拥有的创新疲劳就会变少，我们会拥有更有意义、更强劲的创新文化。现在说我们能不能成功用创新来拯救世界还为时过早，创新也许是我们拯救世界的最好机会，但我们也得拭目以待。而我们在等待的时候，可以把孩子从一本本空洞的创新书籍中、从一场场没意义的创新会议中解救出来，这才是重大意义所在。

图书在版编目(CIP)数据

深度创新方法 /（芬）阿尔夫·雷恩著；冯愿译. —
杭州：浙江大学出版社，2020.2
书名原文：Innovation for the Fatigued
ISBN 978-7-308-19680-2

Ⅰ．①深… Ⅱ．①阿… ②冯… Ⅲ．①企业创新－研
究 Ⅳ．①F273.1

中国版本图书馆CIP数据核字(2019)第249583号
浙江省版权局著作权合同登记图字：11-2019-365

Copyright © Alf Rehn, 2019

**This translation of Innovation for the Fatigued is published
by arrangement with Kogan Page.**

深度创新方法

（芬）阿尔夫·雷恩 著 冯愿 译

策　　划	杭州蓝狮子文化创意股份有限公司
责任编辑	曲静
责任校对	李晨
封面设计	水玉银文化
出版发行	浙江大学出版社
	（杭州市天目山路148号　邮政编码　310007）
	（网址：http://www.zjupress.com）
排　　版	杭州林智广告有限公司
印　　刷	杭州钱江彩色印务有限公司
开　　本	710mm×1000mm　1/16
印　　张	14.25
字　　数	161千
版 印 次	2020年2月第1版　2020年2月第1次印刷
书　　号	ISBN 978-7-308-19680-2
定　　价	52.00元